ミッキー流
満室！

賃貸住宅経営

CPM／米国認定不動産経営管理士
ミッキー

幻冬舎MC

ミッキー流
満室！賃貸住宅経営

はじめに

かつて不動産で大きな収益を得る投資家が続出しました。２００８年に発生したリーマン・ショック時に大きく値を下げた収益用不動産を底値で購入し、その後の景気回復による値の上昇で大きな売却益（キャピタルゲイン）を得たからです。そのときのタイミングで不動産投資の世界に足を踏み入れた感性、勇気は称賛されるべきものですが、あえて厳しい言い方をすると本人の賃貸経営手腕というよりは、単に時期が良かったからともいえます。

しかし、不動産投資の環境は激変しました。

ここ数年の不動産販売業者や金融機関の不祥事に伴って金融機関の融資基準が厳しくなり、収益不動産の価格の上昇は鈍化。そのため、不動産投資は賃貸経営による収益（インカムゲイン）で安定的な収益を狙うことがなにより重要になっています。

そもそも不動産投資の基本スタイルは、長期的に安定したインカムゲインをベースに取り組むものです。キャッシュフローを考慮せずにキャピタルゲインだけを追い求めると、今回の新型コロナウイルスのような重大な問題に直面した際、家賃の延滞や、空室の増加などで首が回らなくなってしまいます。今後は安定したインカムゲインを狙うスタンスで、緊急事態のときでも乗り越えていく体力（現金）の蓄積が長期的に成功するための絶対条件となるでしょう。

私、ミッキーは不動産賃貸業務に30年以上従事し、私が経営する不動産会社の規模は、本店所在の富山県内と東京都内で82棟・776戸を所有しています。さらにPM（プロパティ・マネジメント）会社として、9052戸の管理を681人のオーナーから委託を受けています。また、日本各地に誕生している資産総額10億円以上の「メガ大家さん」なども含め、成功事例を共有できるコミュニティ創りにも使命感（ミッション）をもって取り組んでいます。

これらの経験・実績をふまえて断言できるのは、賃貸住宅経営でまず意識すべきは一時的な「入居率」ではなく、「稼働率」だということです。稼働率とは、ある一定期間（おもに年間）の入居率の平均値のことです。その平均値を上げるために空室期間をできるだけ短くすることが重要になります。つまり、高い稼働率をどれだけ維持できるかが安定したインカムゲインを得るためのカギになるのです。

また、不動産投資、賃貸住宅経営においては、投資をする目的が成功・不成功を決定づけます。自分一人の成功、幸せを求めるということではなく、仲間、コミュニティの成功、幸せを願い活動する投資家たちの存在は、ミッキーの価値観を変えました。賃貸住宅経営の教えを乞う新人投資家におしげもなく成功のノウハウを伝授します。まさに師匠と弟子の師弟関係が出来上がっています。現代の言葉で言えば、メンターとメンティーとも言い表すことができます。自分のあとに続く若手投資家の育成までもやりがい、生きがいにしています。

本書では、バブル崩壊やリーマン・ショック、サブプライムローン問題など、いくつもの荒波を乗り越えてきたミッキー独特の戦術として、階段式に家賃を設定・検証する「臨界家賃」や物件の特徴を間取りとグレードの二面から分析する「マトリックス分析」、顧客に対するこだわりの部屋づくりを戦略とした「ターゲット顧客設定法」などの活用方法を紹介しながら、長期的に収益を確保するノウハウを解説しています。また、空室だらけだった物件がミッキーのノウハウを導入し満室になった事例なども紹介しています。さらに、退職してからの老後の生活を豊かに過ごす、つまり自分のやりたいことをしながら楽しく生きるための手段としての賃貸住宅経営のあり方も提案しています。

今後もどのような環境下においても、あくまで、「オーナーさんの賃貸住宅経営の成功」のため、長期的な収益力の維持を基本方針として誠心誠意、邁進していきます。

その想いを込めた本書が、皆さまの豊かな人生を送るうえで、お役に立てることを祈っています。

CPM　ミッキー

目次

第3章 稼働率を上げる方法②
長く住んでもらい、退去してもすぐに埋める

第4章 稼働率を上げる方法③

再投資で付加価値を高める

第5章 事例から見る「ミッキー流 満室経営」

第6章 満室経営で長期安定収入を得る

参考文献

「賃貸経営マイスター」／オーナーズエージェント／代表取締役社長　藤澤雅義氏／住宅新報社
「不動産投資の正体」／アセットビルド／代表取締役　猪俣 淳氏／住宅新報社
「満室大家さん　ガラガラ大家さん」／エクセルイブ／代表取締役　尾浦英香氏／経済界
「ＳＴＰマーケティング」の指導　→　日本創造教育研究所／古永泰夫氏

第1章

賃貸住宅経営のカギは入居率ではない
「稼働率アップ」こそが成功の秘訣

1 家賃は生き物、「時価」が当たり前

「時価」という言葉を聞いて何を連想するでしょうか？

寿司屋に行くと、旬の寿司ネタの値段が「時価」と書かれているのを見かけます。時価とはその時々の市場価格、毎日の仕入れの状況により値段が変動するということを意味しています。賃貸住宅の家賃も同じく「時価」が当たり前、それがミッキーの主張です。

家賃は生き物で入居者の退去が発生したら、次の募集を始めるたびに募集家賃を見直します。したがって、1棟のなかの同じ間取りの部屋の今日現在の家賃がすべてバラバラということもあり得ます。さらに賃貸住宅においては、お部屋探しをするお客さまの数は季節によってかなりの開きがあります。それを季節指数として表します。図1－1に季節指数を示します。

1年間で見ると、一番の繁盛期は1～3月で小さな山が9月にあります。つまり、この繁盛期にはたくさんのお客さまがお部屋探しに来店され、この期間以外の月は極端に少なくなります。契約件数が最も少ない11月と最も多い3月を比べると3月が約3倍にもなり

図1-1　2019年　契約件数実績　季節指数（月平均を1）

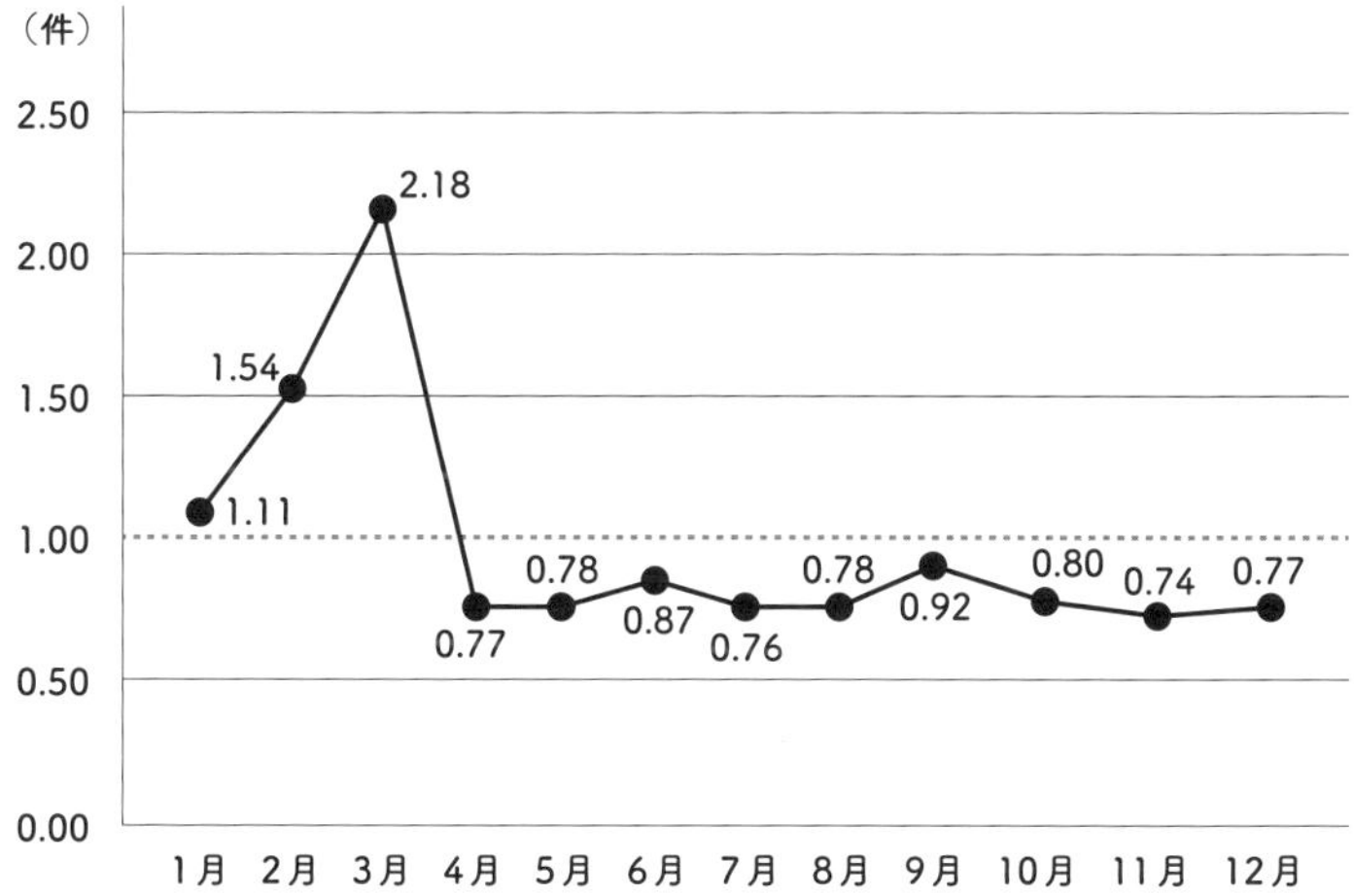

ます。また、大学生を対象にした賃貸住宅では、この傾向がもっと顕著に現れます。当然、合格発表から入学式までの約1カ月の間にお客さまが集中します。この繁盛期に募集する場合、家賃は強気に、つまり高めに設定し、その他の月では家賃を低めに設定せざるを得ません。

　このように市況などの外部環境の変化や同じエリア内のライバル物件の動向などを見ながら相対的に募集家賃を決定していきます。まさに募集家賃が寿司ネタと同じ「時価」といわれる所以《ゆえん》で、募集賃料を変動させる目的はひとえに賃貸住宅の「稼働率」を上げるためなのです。

　投資家や大家さんにとって、いかに部屋

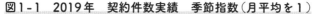

を稼働させるかが最も重要になります。なぜなら、稼働率を高く保ち続けることが収益の最大化をつくり出すからです。ところが、この稼働率の重要性はまだ既存の投資家や大家さんに浸透していません。どうしても家賃の値下げに抵抗がある方が多く、空室状態が長期間続いてしまい、結果として収入減に陥るというケースがたくさん存在します。

2 賃貸住宅経営の稼働率とは？

部屋の入居状況を表す指標には「入居率」と「稼働率」がありますが、この２つは似て非なるものです。

図１－２の全戸数４戸の賃貸アパートの入居状態を見てみます。この賃貸アパートの入居率は１月が１００％、４月が75％、５月が50％、８月が25％になっています。入居率とは、ある時点の入居の比率の瞬間値をいいます。それに対して稼働率とは、年間の延べ月数における入居があった月数の割合をいいます。つまり、全戸数４戸のこの賃貸アパートの貸付できる年間延べ月数は48カ月（４戸×12カ月）になります。そのうち、入居があった部屋の月数は36カ月でした。そこで導き出される稼働率は75％（36カ月÷48カ月）とな

図1-2　入居率と稼働率

	1月	2月	3月	4月	5月	6月	7月	8月	9月	10月	11月	12月
101	○	○	○	○	空	空	空	空	○	○	○	○
102	○	○	○	空	空	○	○	空	空	空	○	○
201	○	○	○	○	○	○	○	空	空	○	○	○
202	○	○	○	○	○	○	空	○	○	○	○	○

入居率

100%	100%	100%	75%	50%	75%	50%	25%	50%	75%	100%	100%

※稼働率：75％［36室（稼働部屋数 ○ ）÷48室（延べ部屋総数）］

ります。もっと厳密に算出したければ、日単位、延べ日数に対する入居があった日数の比率で計算することもできます。つまり、稼働率とは年間の入居率の平均値ともいえます。

　したがって、投資家にとって入居率を上げる戦略が短期的で目先の瞬間値を上げることを目的とするのに対し、稼働率を上げる戦略は、高い入居率を維持するための長期的な視点での取り組みになります。本書では、この高い入居率をいかに維持し続けるか、つまり、稼働率をいかに上げるかを解説していきます。

3 解約数と解約率とは？

稼働率を上げるためには空室を客付けして入居部屋にすればいいのですが、この場合、入居者が退去した部屋が何日で決まるのか、空室である期間の日数をいかに短縮するのかが重要になります。ここで稼働率を計算するうえで考慮しなければならないのが入居者の退去によって生じた新規空室の影響です。一般的には、単身者の平均入居年数は4年、ファミリーで5年といわれています。つまり、1年単位で見ると、単身者の25％、ファミリーの20％が退去する計算になります。したがって、稼働率を上げるためには、現時点で空いている部屋と退去に伴い発生する新規空室部屋を合わせて客付けしていかなければなりません。図1－3は直近3年間の月次解約数の推移の実数です。このグラフを見ると、人事異動が多い時期の3月がピークになってます。3月の解約数は一番少ない1月の約3倍になっていることが分かります。

図1－4は3年間の実解約数と解約率、図1－5は直近3年間の実解約率を表しています。年間での解約率は2019年が21・1％、3カ年の平均値は20・1％と約5分の1の

図1-3　直近3年間 月次実解約数の推移

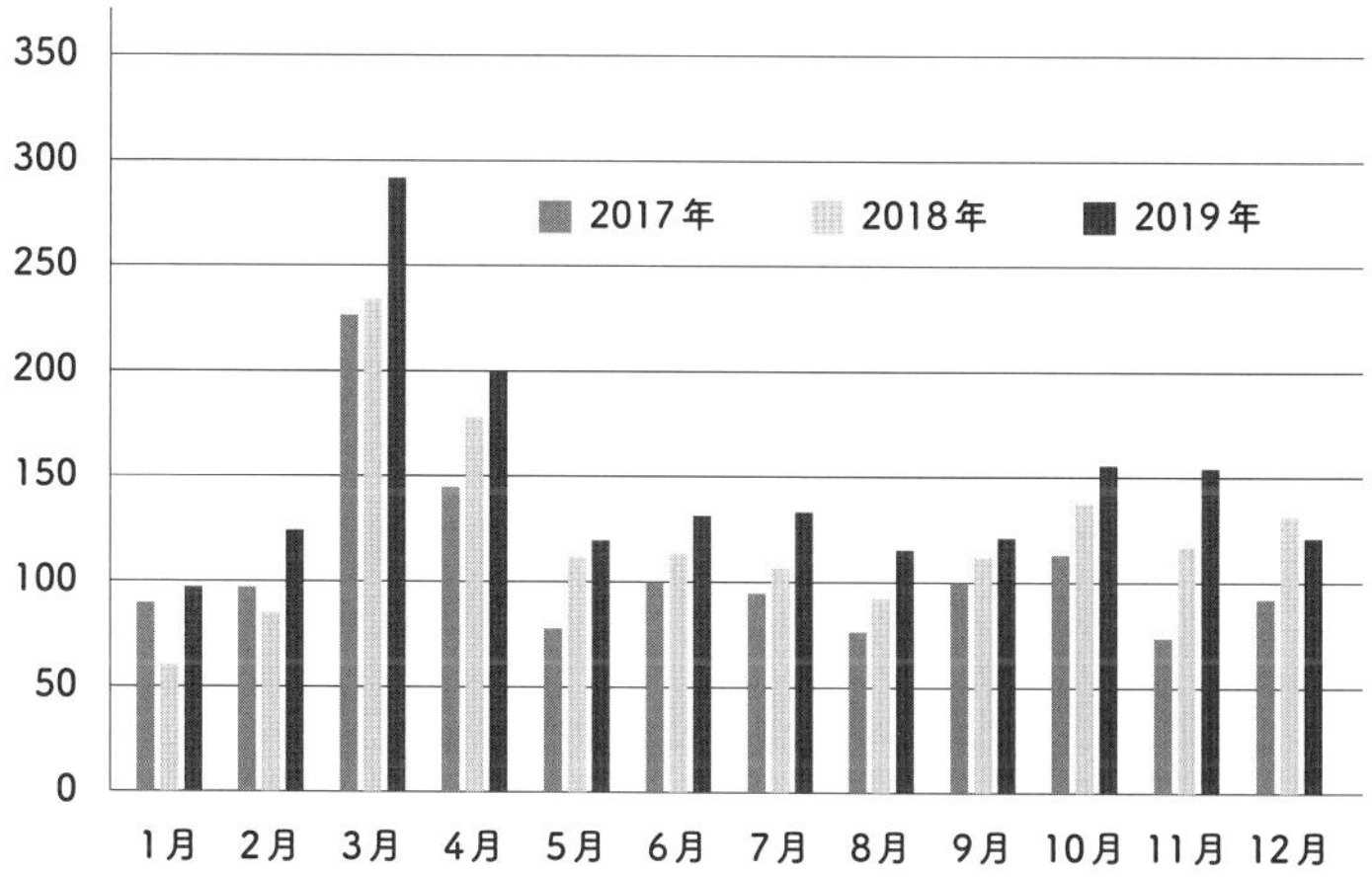

方が退去していることが分かります。全国平均より、解約率は小さい数値となっており、解約が少ないということは入居期間が長いということを意味し、その部屋に満足していることが推測できます。

図1-4　直近3年間の実解約数・解約率

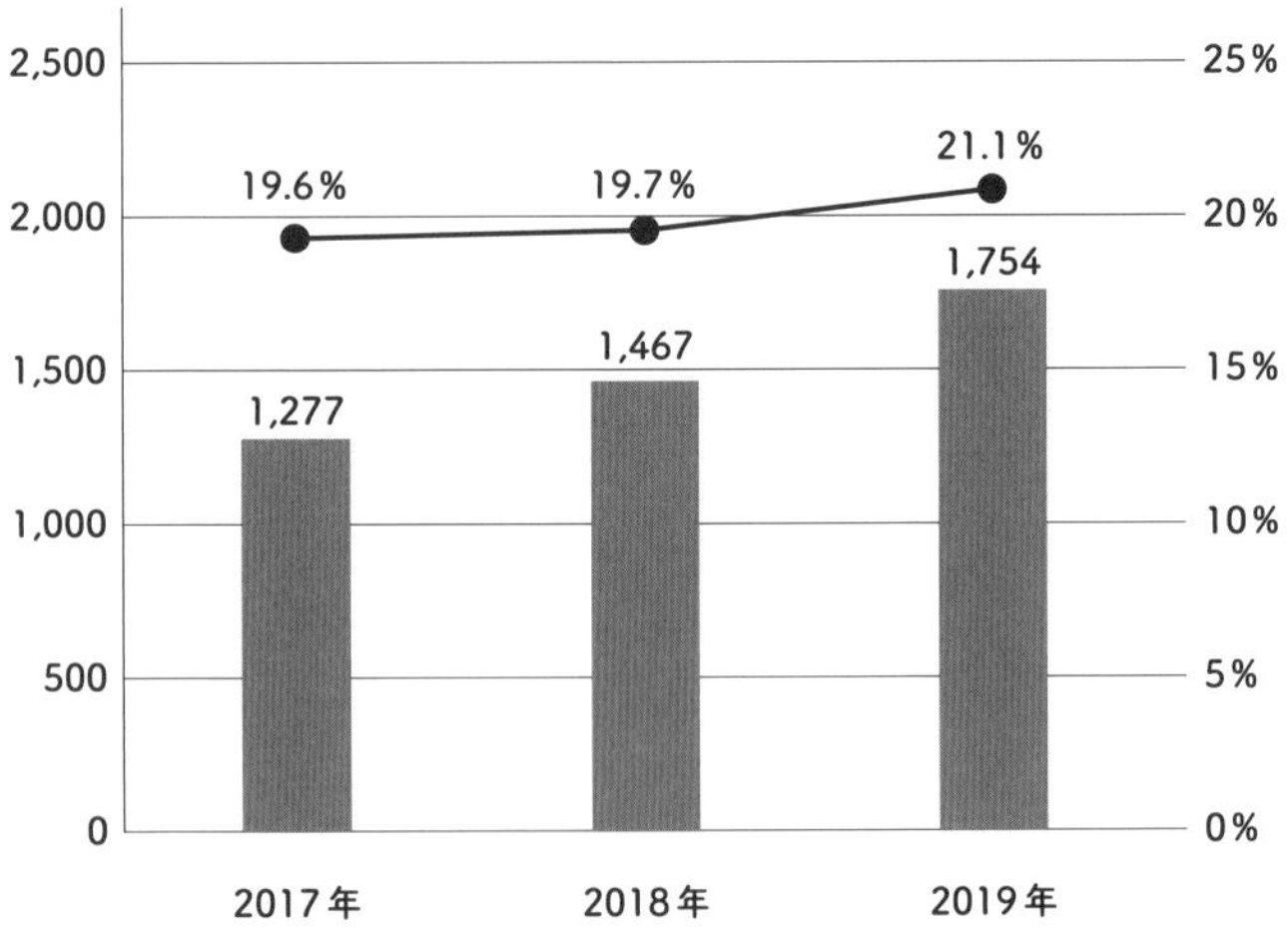

図1-5　直近3年間の実解約率

年度	2017年	2018年	2019年
実質解約率	**19.6%**	**19.7%**	**21.1%**

平均20.1%ということは
1年間に約1／5が入れ替わる。

▼

$$\text{実解約率（\%）} = \frac{\text{年間解約戸数}}{\text{（管理戸数－空室数）}}$$

4 空室日数と稼働率の関係を考える

解約率を前提に空室日数と稼働率の関係を数式にしたものが図1－6です。解約率が20％の賃貸アパートにおいては入居者が退去をして、次の入居者が見つかるまで365日（1年）かかった場合の稼働率は80％になります。空室日数が183日（約6カ月）かかった場合の稼働率は90％、空室日数が91日（約3カ月）かかった場合の稼働率は95％になります。逆の言い方をすれば、絶えず95％の稼働率を維持しようとする投資家は退去発生時から3カ月以内に次の入居者を決めなければならないということです。

図1－7は稼働率を1％改善したい場合、何日早く空室部屋の入居を決めなければならないかを示しています。非稼働率に⊿1％を代入して計算すると18・3日という数字が導き出されます。すなわち、1％稼働率を上げたい場合は、18・3日早く入居者を決めなければなりません。

さらに居住者が退去した後、1カ月（30日間）空室日数を短縮すれば、1・6％の稼働率の改善になります（図1－8）。退去後には原状回復の工事期間も必要になります。こ

図1-6　空室日数と稼働率の関係

$$\frac{\text{非稼働率} \times 365\text{日}}{\text{解約率}} = \text{平均空室日数}$$

ex.）解約率20％（平均解約率）

①稼働率80％の場合　20％×365日／20％＝365日

②稼働率90％の場合　10％×365日／20％＝183日（6ヵ月）

③稼働率95％の場合　5％×365日／20％＝ 91日（3ヵ月）

早く決めることが、稼働率を上げる秘訣！

図1-7　1％稼働率を上げるためには、何日早く決めればいいか？

$$\frac{\triangle 1\% \times 365\text{日}}{20\%} = 18.3\text{日}$$

↓

18.3日、早く決めると、稼働率が1％上がる！

図1-8　1ヵ月（30日）早く決めることの効果

$$\frac{\underline{X} \times 365\text{日}}{20\%} = \triangle 30\text{日}$$

↓

$\underline{X} \times 1.6\%$

1カ月（30日）早く決めると、稼働率が1.6％上がる！

の工事期間も考慮に入れて、いかに早く次の入居者を決めていくか、工事の管理能力とお部屋探しをするお客さまのニーズをつかむマーケティング能力がポイントになります。繰り返しになりますが、稼働率を高めるためには空室日数を短くする、早く入居者を決めることが重要になるのです。

5 臨界家賃（シグモイド曲線）とは？

年間の収益を最大化する手法として、あくまで募集家賃を高く設定することで空室期間が長くなってしまう場合と、募集家賃をライバル物件より少し低めに設定しすばやく満室にした場合とどちらのほうが得をするでしょうか。

募集家賃と稼働率の間には、生物界でいうところの「シグモイド曲線」という概念があります（図1－9）。「シグモイド曲線」は、座標の中でS字型の曲線を描きます。例えば、塩水の濃度を舌で感じる強さは、極端に薄い濃度の範囲では塩分濃度を上げても塩味はあまり感じません。ある濃度を境にして、濃さに比例して急に辛さを感じるようになり、その先はどれだけ濃度を高くしても一定の辛さにしか感じなくなります。これは一般に薬の

図1-9　シグモイド曲線

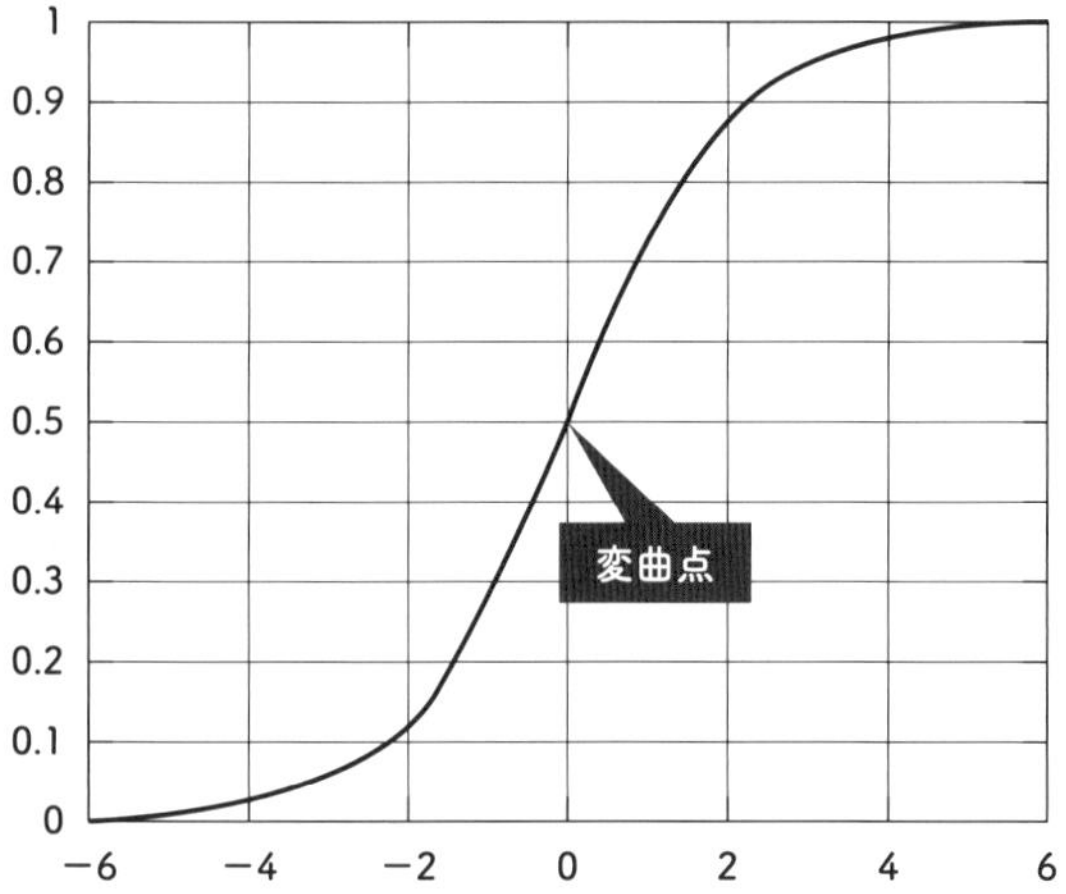

投与による効果と同様であることが知られています。

ミッキーは、この「シグモイド曲線」に出合ったとき、これは募集家賃と稼働率の関係そのものではないかと感じました。入居者が全然決まらなかった空室の賃料を、わずか10％下げただけで一気に決まり始めるといったケースがあります。つまり、設定家賃には部屋の契約が一気に決まり始める転換点があるのです。ミッキーは、この転換点となる地点の賃料を「臨界家賃」と呼んでいます。

6 設定家賃と稼働率の関係を考える

「シグモイド曲線」を活用した設定家賃と稼働率の関係を一例として図1－10に表しました。このモデルでは、臨界家賃を5万円と仮定します。すると5万円を中心に10％の範囲で稼働率が60％から95％に急変動します。その収益を試算してみると、あくまでも強気に5万5000円で募集した場合、稼働率は60％でネット家賃収入は3万3000円（5万5000円×60％）となります。臨界家賃の5万円で募集した場合は、同様の計算（5万円×85％）でネット家賃収入は4万2500円となります。さらに4万5000円で募集した場合は4万2750円（4万5000円×95％）となります。このケースでは募集賃料を4万5000円と一番低くしたほうが稼働率が95％と高くなり、その結果としてネット家賃収入が4万2750円と一番高くなります。収益を上げるうえで稼働率を高めることの重要性が明らかになりました。

しかし、稼働率100％を求めるあまり、過度に低い賃料で部屋を決めることが続けば期待する収益とはかけ離れてしまいます。

図1-10　家賃・稼働率（入居率）　曲線（イメージ）

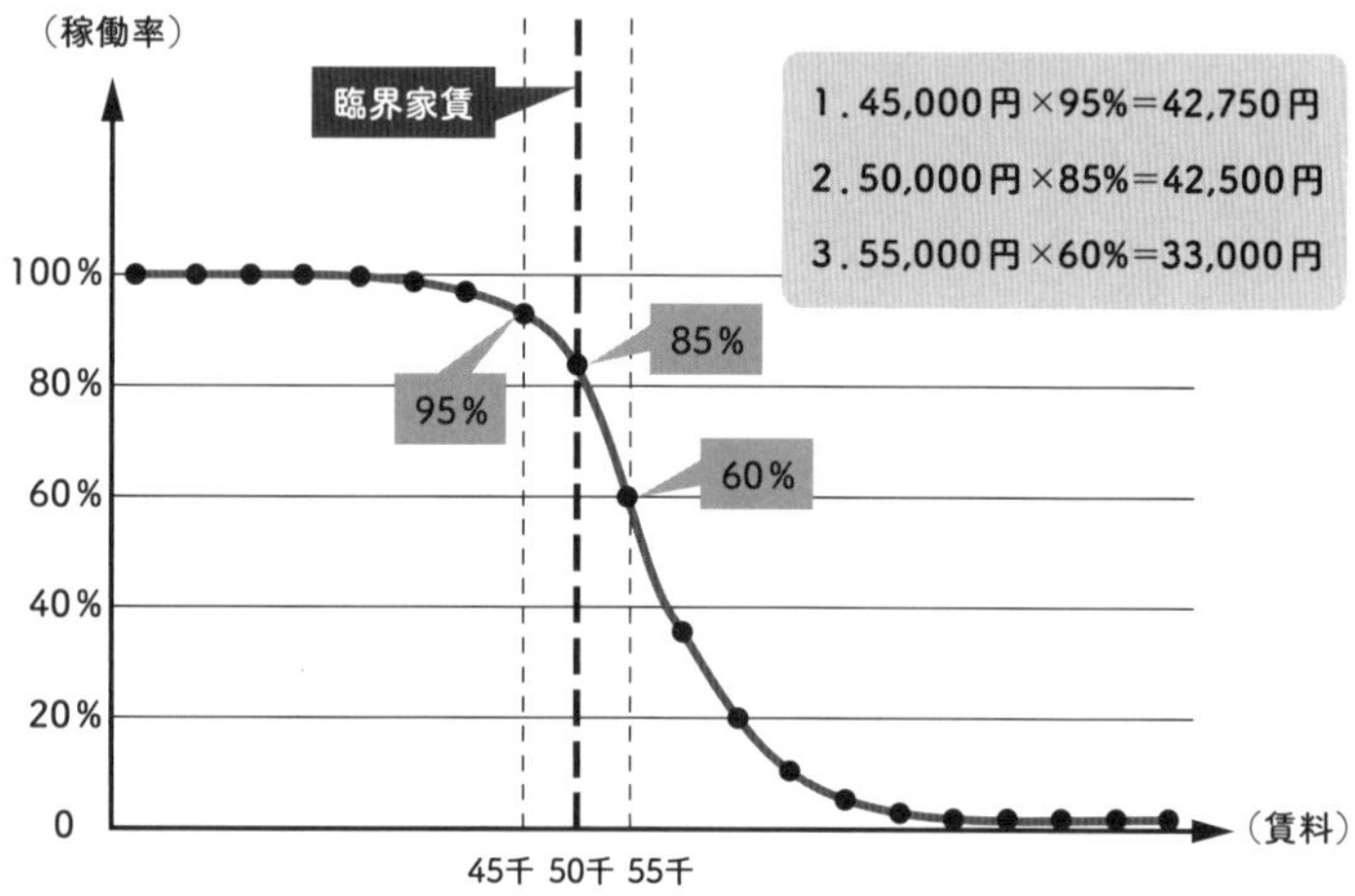

　つまり収益の最大化を狙うにはまず臨界点を発見し、そこから算出された臨界家賃で募集することが重要になります。それではこの臨界家賃をどのように見つけ、募集家賃をどのように設定すればいいのでしょうか？

　この具体的な手法については、第5章で事例を交えながら解説します。

coffee break ①

マーケティングの先進地

シリコンバレーのデザイン思考（Pain Point）

２０１９年10月20日から25日までの６日間、あこがれの米国、シリコンバレーを訪ねました。このシリコンバレーには、世界をリードするＩＴ最先端企業、Apple、Facebook、Google、Yahoo、Twitter等がひしめき合っています。このＩＴ先端企業経営者を育んだのが、このエリアの中央に位置するスタンフォード大学。自由な発想と、失敗を恐れないクレージーなまでのチャレンジ精神が校風です。カリフォルニアの深い青空の下、スタンフォード大学のキャンパスの広大な緑の中庭で、熱い空気を思いっきり吸い込み、体全身でエネルギーを充電しました。幸いにも、スタンフォード大学で、Via Executive Directorの石田一統氏の講義を受けさせていただきました。テーマは、ここシリコンバレーにおけるマーケティング理論の根底をなす「デザイン思考」についてです。ここシリコンバレーでは、「Pain Point」、直訳すると「お客さまの痛烈なお困りごと」が、起業の真因になります。この「Pain Point」の着眼点が圧倒的な創造エネルギーを生み出します。そして

スタンフォード大学　Via Executive Director 石田一統氏の講義

「Pain Point」を起点にして、お客さまへの共感（「Empathize」）が生まれ、「Pain Point」解決に向け、経営資源である、人とお金、情報が吸い寄せられ、ネットワークが構築されていきます。シリコンバレーでは、この企業成長モデルを「エコシステム」と呼んでいます。お客さまの「Pain Point」を発見するというマーケティング力が、スケール（指数的な成長）する世界企業を生み出すカギです。シリコンバレーがなぜここまで、成長発展できたのか、その理由を体感してきました。一にマーケティング、二にマーケティング、三四がなくて、五にマーケティング。

　われわれ投資家にとって、お部屋探しの

スタンフォード大学　校内中庭

お客さまの「Pain Point」は何か？　お部屋にお住まいのお客さまの「Pain Point」は何か？　すべてのスタートはここからです！　そして、この「Pain Point」解決が賃貸住宅経営の成功そのものなのです。

第2章

稼働率を上げる方法①

マーケティング思考で適正家賃を見極める！

1 マーケティング思考とは

収益を最大化するためには、適正な家賃で稼働率を上げることが効果的であると第1章で解説しました。それでは適正な家賃とは、どのように導き出すのでしょうか。結論からいうと「家賃は市場を観よ！」です。「見」ではなく「観」という漢字を使うのには理由があります。「見る」は、目に見えているもの、現象を目でとらえている状態をいいます。これに対して「観る」は、目に見えないものを見るときに使います。すなわち、目の前で起こっている現象の背景、その現象がどうして起こっているのか、その理由、真因を発見し、その真因を分析できている状況のときに使います。

家賃は市場を観て決めることに違和感を覚え、異議を唱える方々もいると思いますが多くの投資家やオーナーが勘違いをしているのが実はその点なのです。

例えば、新築の賃貸アパートの事業計画を立てる場合を考えてみます。土地を購入し、そこに賃貸アパートを建築する場合、必要なお金は土地購入資金、アパート工事費、諸経費などが総事業費となり、一般的にはこの必要資金は自己資金と金融機関からの借り入れ

図2-1 マーケティング思考

重要度 ×

「プロダクト・アウト」の考え方

「原価積み上げ＋利益」主義
（オーナーさん側の都合理論）

重要度 ○

「マーケット・イン」の考え方

「市場動向ニーズ」主義
（お客さま側の論理）

「市場を観よ！」

①競合・ライバル分析
②エリアマーケティング（市場）分析

重要度 ◎

「カスタマー・イン」の考え方

「お客さまニーズ」主義
（お客さま側の論理）

「お客さまに聞け！」

③顧客ニーズ分析

で賄います。したがって、この賃貸アパートの家賃収入から土地・建物の運営経費と金融機関への返済、税金を差し引いた額が手元に残るキャッシュフローになります。当然、賃貸アパート経営の目的は収益を得ることなので、投資家やオーナーの立場では手元に残るキャッシュフローを得るための家賃設定にしてしまいがちです。この投資家やオーナーが必要な額として導き出した家賃のことをミッキーは「絵に描いた餅家賃」と呼んでいます。

このように家賃の算出方法は貸主の自己都合や身勝手な決め方であってはなりません。生産者側の立場で家賃や価格を決める考え方をマーケティングの世界では、「プロダクト・アウト」と呼んでいます（図2－1）。もちろん、事業を行う以上、収益確保は絶対であり、原価計算から得たい収益をシミュレーションするという作業は重要です。ただし、この「プロダクト・アウト」に基づく考え方で設定された家賃や価格は、お客さまニーズとかけ離れていることが多く、事業としては失敗する最大の要因といわれています。

それではどのような考えに基づき、募集家賃を導き出すとよいでしょうか。

「プロダクト・アウト」に対して、「マーケット・イン」という考え方があります。市場の情報、動向を把握して、お客さまのニーズに添ったアパートを企画、建築し、市場の価格で募集家賃を設定します。市場においては、特に競合エリア内のライバル物件を意識します。家賃とは絶対的なものではなく、相対的なものです。したがって、競合エリア内のライバル物件の内容を詳細に調査比較、分析することが絶対必要な条件になります。

市場の調査を「エリア・マーケティング」といいます。この市場の動向をふまえ、お客さま視点で家賃を導き出す考え方、手法が「マーケット・イン」になります。すなわち、欲しい情報はまさに「市場を観よ！」なのです。

2 市場は二極化、吸収（アブソープション）理論

現在、自身の所有する賃貸住宅が存在するエリアの市場（マーケット）はどのような状況かを調べておくことは大切です。最大のライバル物件はどのような物件で入居率はどうなっていますか。

２０１２年にアベノミクスがスタートし、金融緩和、不動産価格の上昇を背景に大量の賃貸住宅が供給されました。市場（マーケット）では、供給過剰の中で賃貸住宅間の熾烈《しれつ》な競争が繰り広げられています。そして、努力し続けることによって、高い競争力を身に

図2-2 「吸収」Absorption①

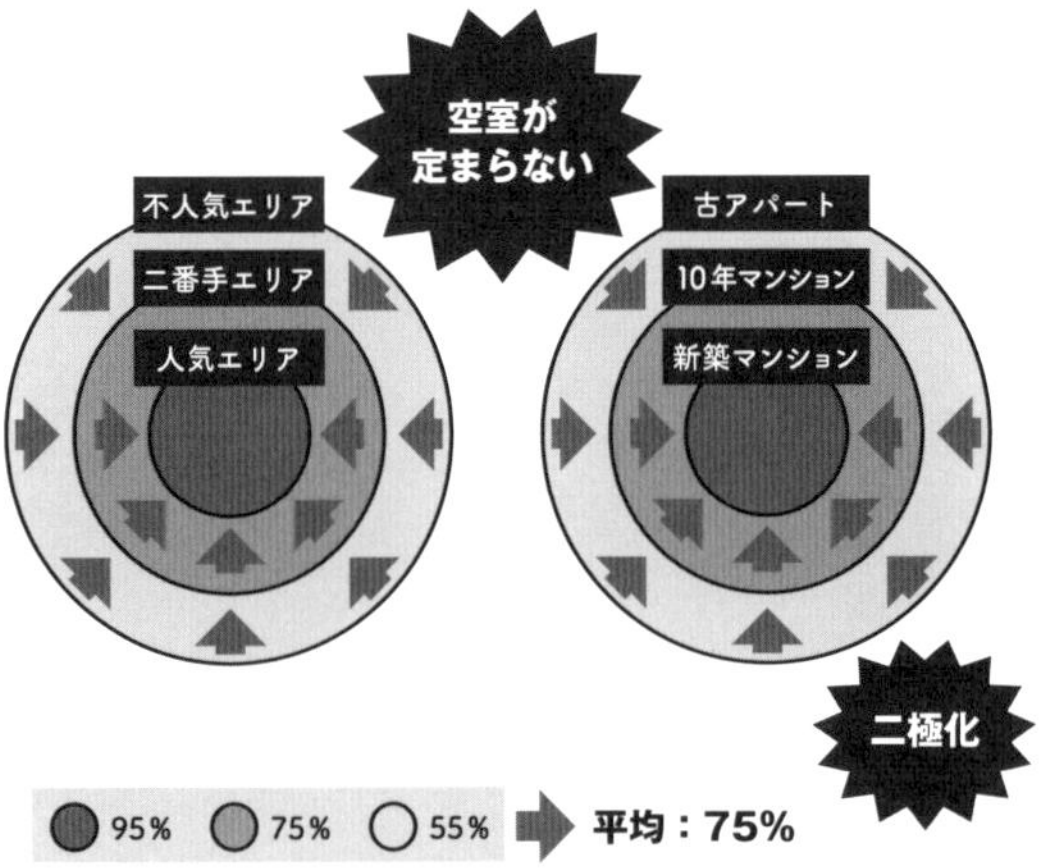

付けた物件は満室という成果を得ることができます。一方で放置され、競争力のない物件は入居者がなかなか決まらない、空室だらけといった二極化現象が生じています。

図2－2では、この円全体がお互いに影響を及ぼす一つの市場（マーケット）を示しています。このエリア内の全体としての入居率平均値は75％という状態です。ところが、この市場（マーケット）において個別に分析すると、人気エリアの入居率は95％と高く、不人気エリアは55％がやっとという低い状態になっています。これは人気エリアを新築物件、不人気エリアを築古アパートと置き換えることもできます。人気の新築アパートの入居率は95％を絶えず

図2-3 「吸収」Absorption②

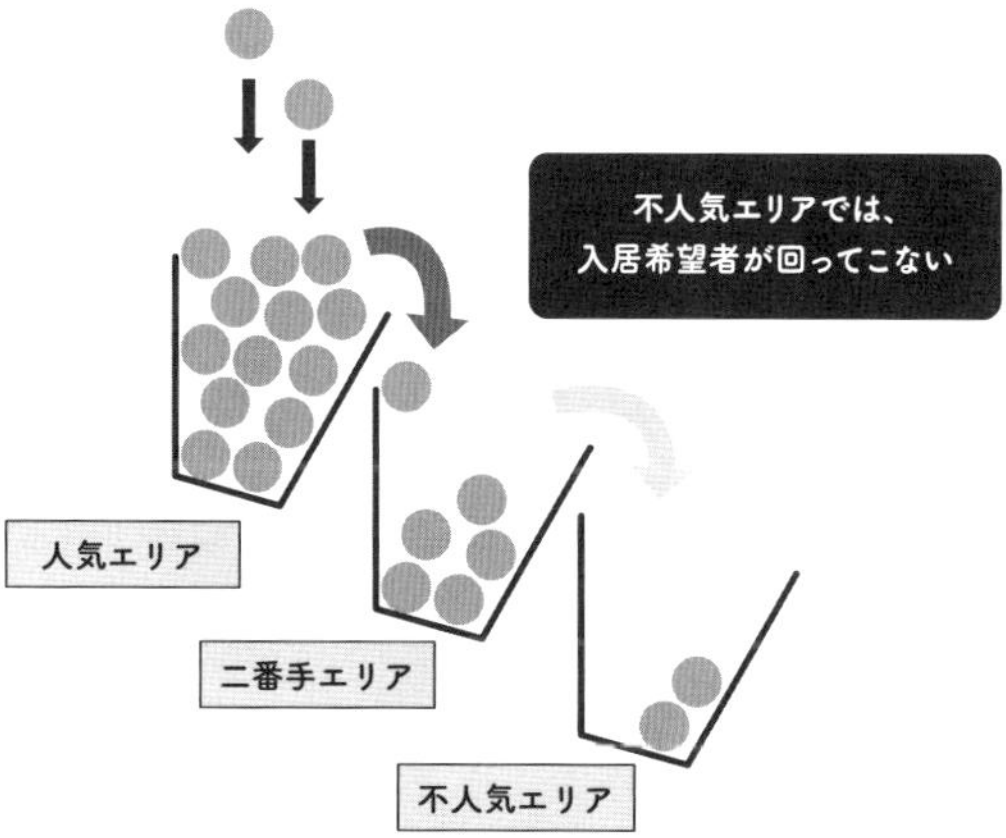

維持し、築古アパートは55％という低い入居率から抜け出せません。

次に図2－3を見てみます。新規にお部屋探しをされるお客さまは、まず、人気エリアの物件に空室があればそこに決めます。人気エリアの物件がすべて満室になり、空きがなくなると、仕方なく二番手エリアに触手を伸ばします。そして二番手エリアも満室になると、ようやく三番手エリアに対象を広げるという仕組みです。もしも、お部屋探しをするお客さまの総数が市場全体の空室よりも少なければ、不人気エリアの物件に入居者が回ってくることは永遠にないのです。これが二極化を引き起こすメカニズムで、現実にはこの厳しい市場原理が

図2-4 「吸収」Absorption③

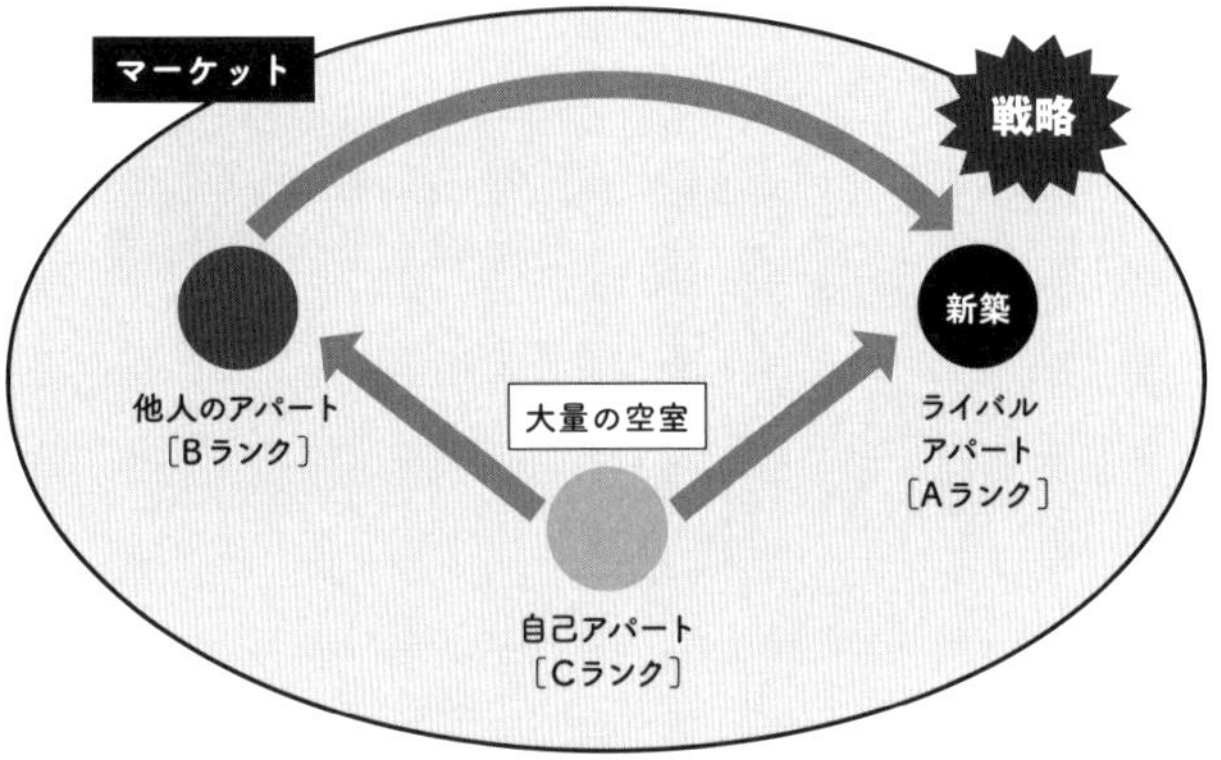

働いているのです。

また、自分がCランクという市場（マーケット）で最も競争力の低いアパートを所有していると仮定します。この同一競合エリア内にAランクの人気新築物件ができた場合、どのような現象が起こるのかを解説します（図2－4）。

まずBランクの入居者が人気の新築のAランク物件に待ってましたとばかりに、移り住みます。Bランク物件に空室が出現すると今度はCランクの入居者がBランクへ移り住みます。結果、Cランクである自分の物件が空室になります。あるいは自分が所有しているCランク物件から直接、人気のAランクアパートへ移り住む方もいるかもしれません。この市場（マーケット）において、Dランク物件がない限り、最も競争力の低いCランクの物件に、お客さまが移り住むことは残念ながらないのです。この現象も二極化を引き起こすメカニズムの一つなのです。このように、人気の高い物件が人気のない物件からお客さまを吸い取る現象を「アブソープション（吸収）」と呼んでいます。

競合ライバル物件の出現には、絶えずアンテナを張っておく必要があります。新築物件として市場に現れる場合は比較的発見しやすいですが、既存の中古物件がリノベーション工事や賃料の値下げなどで急に入居者にとって魅力的な物件に生まれ変わる場合があります。「最近、急に退去者が多くなった」「ここ数カ月、空室が決まりにくくなった」など、なにか自分の物件に兆候が出てきます。その兆候にいち早く気づき、対策を講じなければ問題は解決されません。自分の物件の周辺をときどきパトロールすることも大切です。絶えず機会を見つけて回ってみることです。賃貸住宅の工事現場を発見したら、その内容、情報を調査し、先手を打って迎え撃ちます。対策は早ければ早いほど効果が高くなります。一旦退去が発生した後、対症療法として競争力が劣った物件を再生するには大きなエネルギーが必要となります。

3 コンペア式による適正家賃の算出

ここからは具体的に家賃決定の手法について解説します。ミッキーが推奨する賃料査定方法は「コンペア式」です。「コンペア式」とは、文字通りCompare＝「比較する」の意味で、対象の物件を競合エリア内に存在するライバル物件と比較検討して賃料を査定する方式です。

まずは、間取り、建物構造、築年数がなるべく近い物件を「類似物件」として5件以上選定します。選定のポイントは、おおむね2カ月程度で成約している実績を参考にします。長期間、空室である物件の条件は当然、比較の対象にはなりません。そして、物件の内容が一目で認識しやすいように一覧表を作ります（図2－5）。必要な項目は、築年数、構造、間取り、床面積（㎡）、募集賃料（共益費含む）、総戸数、空室数、空室率などです。それに合わせて、選定した類似物件を図2－6のようにマップへ落とし込み、位置関係を表示します。マップに落とし込むのは立地の比較、自分の物件との距離など、一目でわかるようにするためです。

図2-5　類似物件一覧表

名称	所在地	築年数	構造	間取り	㎡数	賃料	戸数	空室数	空室率
Aマンション		24	RC	2DK	51.35	50,000	16	5	31.25%
Bマンション		25	RC	2DK	48.60	47,000	12	5	41.67%
Cマンション		32	RC	2DK	67.14	43,000	30	2	6.67%
Dマンション		21	RC	2DK	44.99	38,000	18	1	5.56%
Eマンション		31	軽量鉄骨	2DK	34.65	37,000	4	1	25.00%
Fマンション		11	鉄骨	2DK	44.00	56,000	6	1	16.67%
Gマンション		27	鉄骨	2DK	46.35	50,000	6	1	16.67%
Hマンション		37	RC	2DK	45.50	37,000	6	1	16.67%
Iマンション		36	RC	2DK	36.50	32,000	8	1	12.50%
Jマンション		6	木造	2DK	42.77	54,000	4	2	50.00%
Kマンション		15	RC	2DK	39.90	45,000	5	1	20.00%
Lマンション		18	軽量鉄骨	2DK	41.54	45,000	7	1	14.29%
Mマンション		24	RC	2DK	38.00	42,000	10	2	20.00%
Nマンション		23	RC	2DK	46.35	48,000	12	4	33.33%
査定物件		16	鉄骨	2DK	39.74	55,000	12	4	33.33%
				平均	44.49	45,267	156	32	20.51%
					㎡単価	1,017			

①近隣の物件をピックアップ。最低5物件は必要。
②築年数、構造、間取り、㎡数、賃料、戸数と空室数を一覧にします。
③類似物件を選択。適正賃料であるかがポイント（空室率を見て判断）。
④㎡単価を出し、面積を合わせます。
⑤「コンペア式賃料査定表」にあてはめます。

図2-6　近隣物件市場マップ

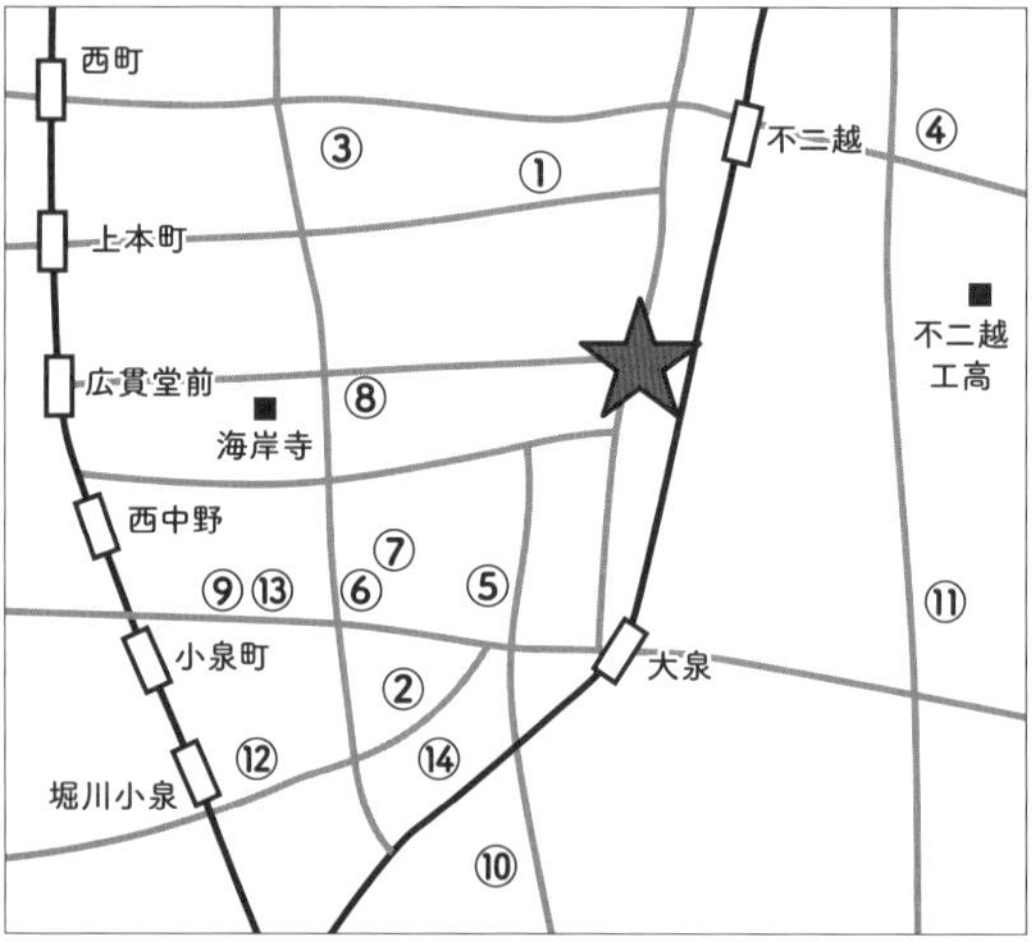

①エルナード清水

②エルナード大泉

③グランドハイツ清水

④ハイムビア

⑤コーポ高泉

⑥クレディア

⑦コーポ井沢

⑧高泉第二マンション

⑨木村マンション

⑩ボンヌ・シャンス

⑪新開ラザール中市

⑫プレジール堀川

⑬パークサイド西中野

⑭水口ビル

次に、対象物件と類似物件を一対にして、図2－7の査定表に従ってアイテムごとに比較、検討をしていきます。対象物件が類似物件と比較して優れている場合にはプラス評価で、例えば「＋2000円」と記入します。劣っている場合は、たとえば「－（マイナス）1000円」と記入します。金額に関しては、賃貸仲介業務に精通している営業マンの現場感覚に頼らざるを得ない部分もあります。もしも、対象エリア内で仲介実績がある地元不動産会社の凄腕営業マンとコネがある場合には力を借りてみましょう。

不動産会社や凄腕営業マンとコネがない場合、あるいは属人的な情報だけではなく、セカンドオピニオンとして、客観的なデータに頼りたい場合は、賃貸住宅検索のポータルサイト「SUUMO」の「賃貸経営サポート」「賃料・設備相場チェッカー」を活用するのも一つの手です。設備等の条件を加えると、賃料の相場が条件によってアップします。この設備を追加したときのアップした金額を記載します。

図2-7　コンペア式賃料査定表

	アイテム		査定物件の概要と評価 物件名【査定物件】	類似物件の概要 物件名【類似物件】
物件	1.構造	千円	RC・重鉄・軽鉄・木造	RC・重鉄・軽鉄・木造
	2.物件タイプ	千円	マンション・アパート・テラス・戸建	マンション・アパート・テラス・戸建
	3.築年数	千円	新築・(　　)年	新築・(　　)年
	4.遮音性	千円	優・良・可・不可	優・良・可・不可
	5.外観	千円	優・良・可・不可	優・良・可・不可
	6.外構	千円	優・良・可・不可	優・良・可・不可
	7.セキュリティー(オートロック等)	千円	なし	シリンダーキー
	8.駐車場	千円	(　　)台/戸あたり・無	(　　)台/戸あたり・無
	9.駐輪場	千円	有・無	有・無
	10.ゴミBOX	千円	敷地内	敷地内
	11. CATV	千円	有・無	有・無
	12.トランクルーム	千円	有・無	有・無
間取り	13.ベッドルームの広さ合計	千円	帖	帖
	14.K、DKまたはLDKの広さ合計	千円	帖	帖
	15.バストイレセパレート	千円	セパレート	セパレート
	16.居室	千円	洋室・和室・カーペット	洋室・和室・カーペット
	17.収納の広さ	千円	WIC・2間・1間半・1間・半間・無	WIC・2間・1間半・1間・半間・無
	18.風呂(トイレ)	千円	独立・2点UB・3点UB・バランス釜	独立・2点UB・3点UB・バランス釜
	19.独立洗面台(シャンプー　ドレッサー)	千円	有・無	有・無
	20.洗濯機置場	千円	室内・ベランダ・室外・無	室内・ベランダ・室外・無
室内設備	21.風呂追い焚き機能	千円	有・無	有・無
	22.エアコン	千円	台数(　　　)台・無し	台数(　　　)台・無し
	23.TVドアホン	千円	有・無	有・無
	24.コンロ	千円	有・無	有・無
	25.照明器具	千円	有・無	有・無
	26.浴室換気乾燥機	千円	有・無	有・無
	27.温水洗浄便座	千円	有・無	有・無
立地・環境	28.日当たり	千円	優・良・普通・悪・無	優・良・普通・悪・無
	29.立地(隣接建物・ロケーション等)	千円		
	30.駅からの距離	千円	徒歩(　　)分・バス	徒歩(　　)分・バス
	31.利便施設(スーパー・コンビニ・生活施設等)	千円	良好	良好
	32.嫌悪施設(幹線道路・線路・墓地・斎場等)	千円	特になし	特になし
	33.方位	千円	南・東・西・北	南・東・西・北
	34.融雪装置付き駐車場	千円	有・無	有・無
その他	35.礼金・敷金	千円	礼金　カ月:敷金(保証金)カ月	礼金 カ月:敷金(保証金)　カ月
	36.物件名	千円	優・良・可・不可	優・良・可・不可
	37.ペット飼育	千円	可・不可	可・不可
	38.インターネット対応	千円	可・不可	可・不可
	39.維持管理(共用部の清掃や空室管理)		優・良・可・不可	優・良・可・不可

評価額合計　千円

合計調整値　0千円

類似物件の賃料　45千円

評価額合計　千円

(駐車料1台込、共益費込)

合計調整値とは、アイテム毎のプラス(+)評価が重なった場合などに、そこまでは賃料がアップ(ダウン)しないだろうとするときに調整

類似物件とは、査定物件と同じエリア内で、間取りが同じタイプ、かつ適正賃料の物件を選択する。適正賃料とは、空室募集をした際に、おおむね2カ月以内に成約が見込める賃料

アイテムは、大項目で【物件】【間取り】【室内設備】【立地・環境】【その他】があり、大項目をさらに細分化します。細分化した項目に関しては、最新の賃貸住宅の設備を確認するとよいでしょう。当然ながら入居者のニーズは進化していくので、必要に応じて柔軟に追加、あるいは入れ替えをしていきます。各項目の細目について、そのポイントは次のとおりです。

【物件】

①構造：RC造は、一番建築費が高い。防火性、遮音性（特に上下階の音）に優れ、特に都市圏で人気がある。耐用年数が長い。

②オートロック：防犯、セキュリティは近年特に重要視されている。近年は多くの賃貸住宅で防犯カメラが導入されている。

③駐車場：地方都市においては1戸当たり2台分が確保されている。雪国では融雪装置付きが必須。

④トランクルーム：ファミリー向けには特に根強い人気がある。

【間取り】

①バス・トイレ セパレート：地方都市においても、いまや絶対条件。

②洗面化粧台：浴室内の併用は不人気、独立型が好まれる。

【室内設備】

①お風呂の追い焚き機能：特にファミリー向けでは喜ばれる。

②コンロ：電化住宅の普及によりＩＨを求める傾向がある。

③浴室換気乾燥機：冬場の物干しにとても便利、人気がある。

【立地・環境】

①方位：風水や占いなどで気にされる方はまだまだ多い。南→東→西→北の順番。

②利便施設：コンビニなどが近くにあると喜ばれる。

【その他】

①インターネット対応：Ｗｉ－Ｆｉ使用料無料が当たり前の時代になっている。

4 設備追加による賃料アップの決め方

「SUUMO」の「賃料・設備相場チェッカー」を活用することにより、そのエリアにある物件に入居者からニーズの高い設備を追加した場合、家賃がいくらアップするかを調べる具体的な手順を解説します。この客観的なデータを参考にすることにより、そのエリアの不動産屋の賃貸物件営業担当の感覚を取り入れることができます。図2－8が「賃料・設備相場チェッカー」のトップ画面です。ここからは実際の検索方法を解説していきましょう。

まず、JR富山駅周辺のワンルーム、1Kの賃貸アパート、賃貸マンションを検索してみました。検索結果として3件の対象物件が表示されました（図2－9）。上段の太枠で囲まれた部分に表示されているのが、この3物件の平均で賃料は4・4万円、共益費は0・2万円です。

図2－10では検索条件に「オートロック」の設備追加のみを行います。再検索をした結果が、図2－11になります。先ほどの3件のうち、オートロック付きの物件は1件ありました。賃料は5万円、共益費は0・3万円となっています。先ほどの3件の平均賃料と共益費をこのオートロック付き物件の賃料の差額がオートロックの設備を付加した場合

図2-8　SUUMO 賃料・設備相場チェッカー画面

図2-9　富山駅周辺のワンルーム、1K物件　平均値

図2-10　検索条件にオートロックを追加

図2-11　オートロックを追加した物件の平均値

に、アップできる賃料になります。賃料で0・6万円（5万円－4・4万円）、共益費で0・1万円（0・3万円－0・2万円）の合計0・7万円が算出されました。

この事例はサンプル数が少なく、築年数などオートロック以外の要素も家賃アップの要因になっています。サンプル数が多くなれば、「大数の法則」により標準化されます。今回は、調査の手順、データの活用法を説明しました。大都市圏等で、サンプル数が多いエリアでは、より正確な数値として扱うことができるでしょう。

5 マーケットデータを比較する

ここからは、エリアマーケティングの重要性について説明します。

「木を見て森を見ず」のことわざをご存じでしょうか？

ライバルを木に例えるならば、エリア内の市場全体が森という概念になります。ライバルのみを見る行為は極めて局所的に見ていると言わざるを得ません。目線を高くして視野を広げる必要があります。木から森へ、ライバルだけからエリア内全域を眺めるこの手法がエリアマーケティングと呼ばれるものです。全体を眺めると今後、市場がどのような動きをするのかを予測することができます。すなわち、今後起こり得る変化を予見しておけば、事前に予防対策に取り組めます。予防対策が効果を上げれば、中長期的に安定した稼働率を維持することができます。

まずは、市場（マーケット）全体に存在する物件の条件、情報をできるだけ正確に把握します。市場の状況から、お客さまニーズの現状を読み取ろうとする壮大な構想になります。コロナ禍のなか、オーナーからの強い要望で２０２０年７月３日現在の富山市内の管理物件４０９６戸のデータを管理ソフト「ｉ－ｓｐ」から抽出し、専用分析ソフト「Ｍｒ．マーケティング」で整理・分析をしました。なお、大学生向けの賃貸住宅は大学専用ということで条件に特殊性がありますので、データからは除いてあります。まさに、オーナーが最も欲しい情報といえるでしょう。

ここで、次項以降に出てくる間取りの用語について、シングルタイプとはワンルーム、１Ｋ、ファミリータイプは、１ＬＤＫ以上のタイプとして扱っていきます。

■富山市エリア全体の空室率

富山市エリアの管理物件総数４０９６戸のうち空室が３１６戸になり、空室率は

図2-12　サンプル全体の空室状況

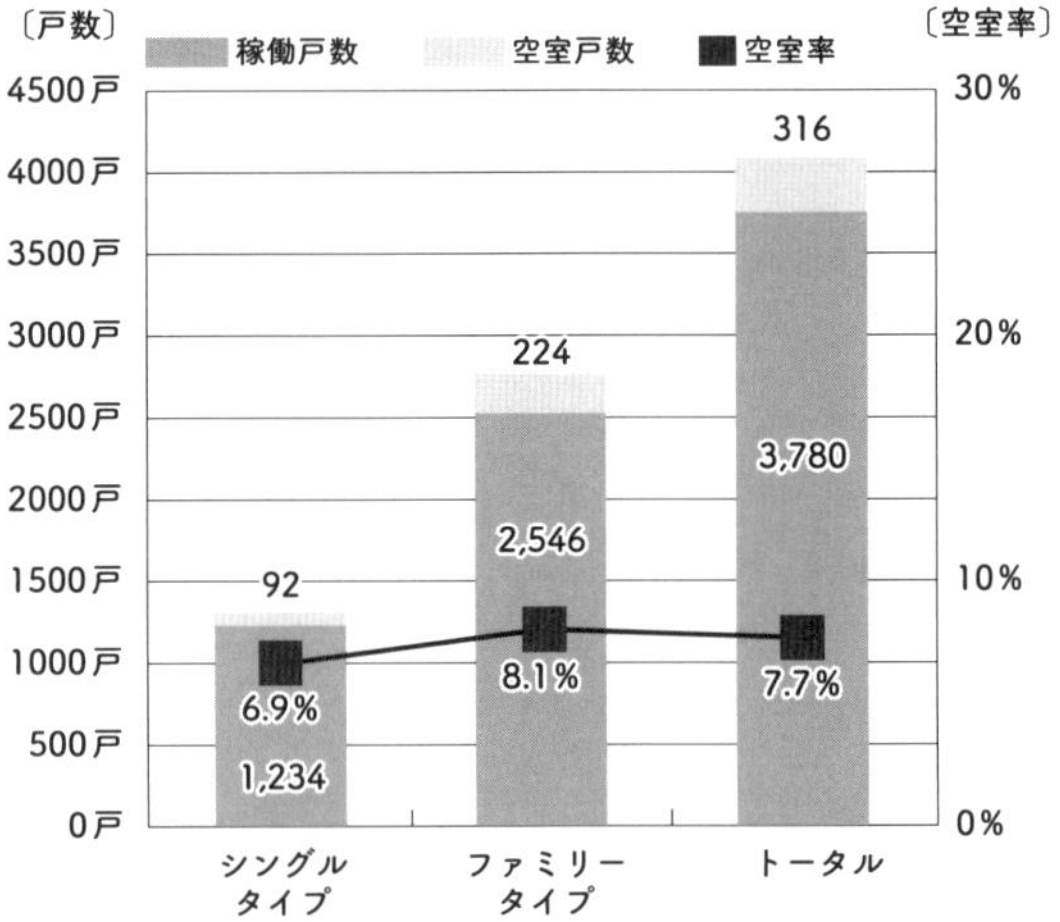

図2-13　シングルタイプ・ファミリータイプの割合

	シングルタイプ	ファミリータイプ	トータル
賃貸戸数（戸）	1,326	2,770	4,096
空室戸数（戸）	92	224	316
空室率（%）	6.9%	8.1%	7.7%
シェア（%）	32.4%	67.6%	100.0%

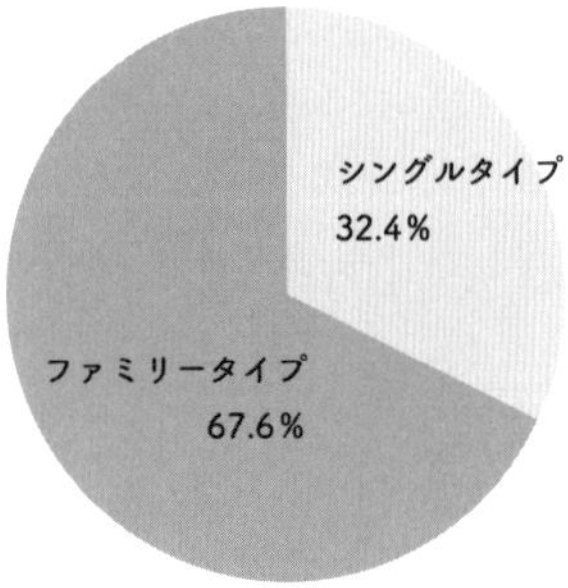

7・7%になります（図2－12、図2－13）。タイプ別で見ると、シングルタイプ（ワンルーム・1K）は全体の約3分の1、32・4%を占め、空室率は6・9%、ファミリータイプ（1LDK以上）は67・6%を占め、空室率は8・1%と、シングルタイプより、1・2ポイント分、空室率が高いことが分かります。富山市は医薬品、電子部品など製造業の街であり、企業の支社や工場に勤務する単身者、若年層の入居割合がほかの市町村よりも高いという傾向があります。

■築年数別シェア（割合）と空室率（関数）

図2－14では築年数別の戸数、シェア（割合）、空室率の数値を示しています。築年数は、新築から築5年未満、築5年以上（図では築6年と表示）築10年未満までと、5年ごとに集計しています。ここ数年間の投資ブームを反映して、新築から5年未満までの戸数の割合が21・0%と一番高くなっています。続いて1986年から1991年まで発生したバブル景気期に建築された築31年から築35年までの物件が、18・0%と高くなっています。新築の賃貸住宅は経済と金融機関の融資姿勢に大きく左右されます。

図2－15は図2－14の築年数と空室率の関係をグラフにしたものです。プロットした点

図2-14　築年数別シェアと空室率

	築0年～5年	築6年～10年	築11年～15年	築16年～20年	築21年～25年	築26年～30年	築31年～35年	築36年以上	計
賃貸戸数（戸）	862	317	407	650	414	417	727	302	4,096
空室戸数（戸）	52	20	24	56	37	32	64	31	316
空室率（%）	**6.0%**	6.3%	5.9%	**8.6%**	8.9%	7.7%	**8.8%**	10.3%	7.7%
シェア（%）	**21.0%**	8.0%	10.0%	**16.0%**	10.0%	10.0%	**18.0%**	7.0%	100%

築年数別シェア

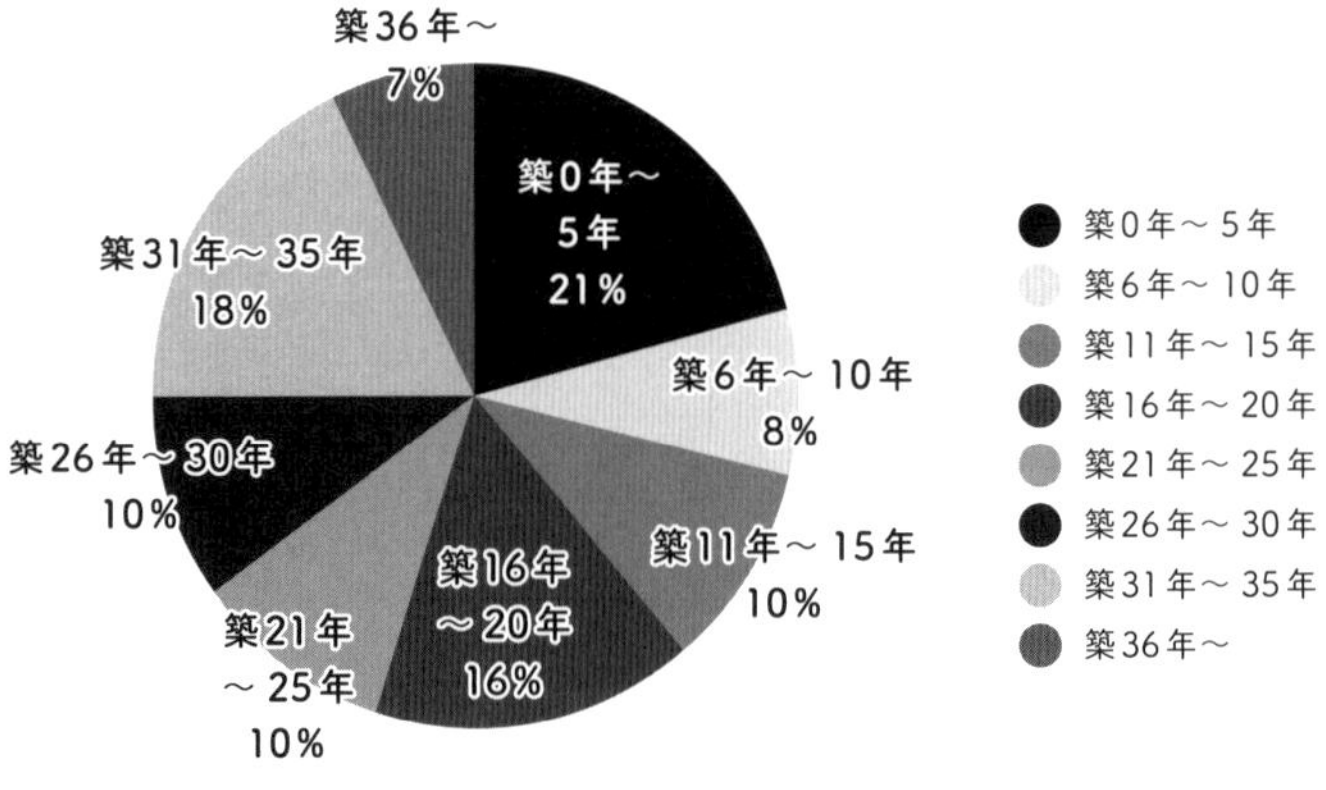

図2-15　築年数と空室率の相関関係

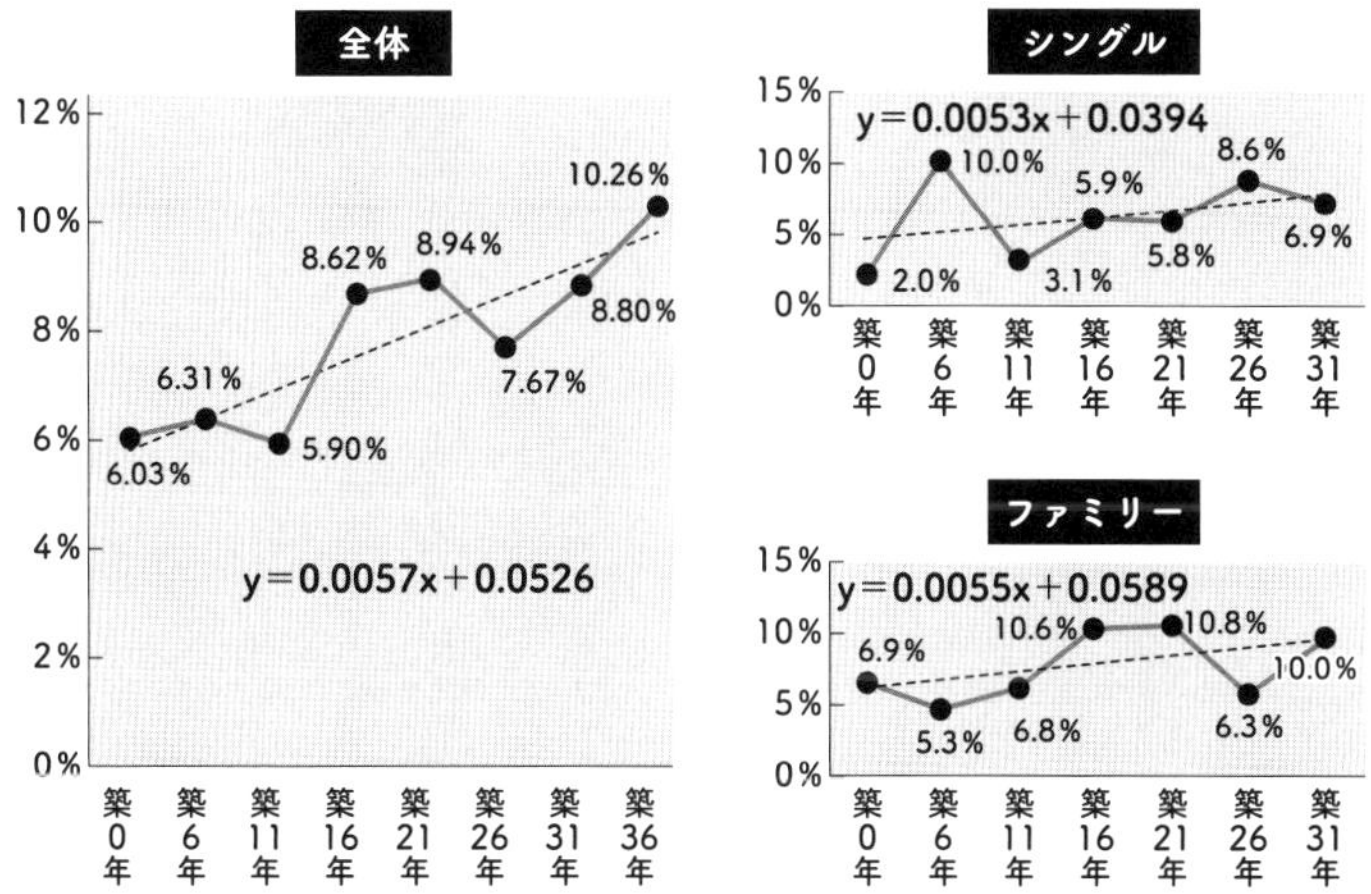

の近似値を関数（数式）にしました。シングルタイプで、y（空室率）＝0・0053x（築年数）＋0・0394、ファミリータイプが、y＝0・0055x＋0・0589となりました。

この数式で計算すると、両方のタイプで建物が新築から1年経過すると空室率が約0・5%増加するということが分かります。また、新築1年目の空室率はシングルタイプで4・5%（xに1を代入）、ファミリータイプで6・3%（xに1を代入）となります。初年度の家賃収入のシミュレーション時にはこの数値を根拠に収支計画を立てることになります。

なお、築36年を経過した物件でも、全体

の空室率が10・3％と安定しているのは、空室対策、満室戦略の実施効果が出ているからです。建物は、時間の経過とともに、陳腐化していきます。したがって本書のテーマである稼働率を上げるためには、家賃の再査定、再投資などの対策をタイムリーに講じていかなければなりません。

■間取り別シェア（割合）と空室率（平均家賃）

間取り別のシェア（割合）と空室率、平均家賃を図２－16に示しています。富山市エリアにおいては、１ＬＤＫタイプのシェアが33・４％でトップを占めます。ここ数年、新築されるのがほとんどこのタイプで、人気の間取りとなっています。続いて１Ｋ、２ＬＤＫと続きます。ここでサンプル数が少ない、１ＤＫタイプと２ＤＫタイプは分析対象から外しています。１ＬＤＫは空室率が６・９％と一番低く、多くの新築による供給が続いていますが、空室率が増加しないことからニーズが高いとデータが証明しています。グラフを見ると、１ＬＤＫ、２ＬＤＫのＬＤＫタイプは比較的、平均家賃が高く設定されています。１ＬＤＫタイプの平均家賃は５万４６１円、２ＬＤＫタイプは６万６８９１円となっており、築年数の浅い物件が多いため、家賃が高めであるという要素もありますが、現在の

図2-16　間取り別シェア、空室率と平均家賃

	賃貸戸数（戸）	空室戸数（戸）	空室率（％）	シェア（％）	シェアランキング	平均家賃（円）
1K	**1,041**	**79**	**7.6%**	**26.4%**	**2**	**¥39,691**
1DK	140	10	7.1%	3.6%	7	¥38,871
1LDK	**1,317**	**91**	**6.9%**	**33.4%**	**1**	**¥50,461**
2DK	**328**	**14**	**4.3%**	**8.3%**	**4**	**¥44,572**
2LDK	**575**	**68**	**11.8%**	**14.6%**	**3**	**¥66,891**
3DK	219	18	8.2%	5.6%	6	¥56,895
3LDK	244	23	9.4%	6.2%	5	¥76,775
4LDK	38	2	5.3%	1.0%	8	¥80,053

間取り別の平均家賃と空室率

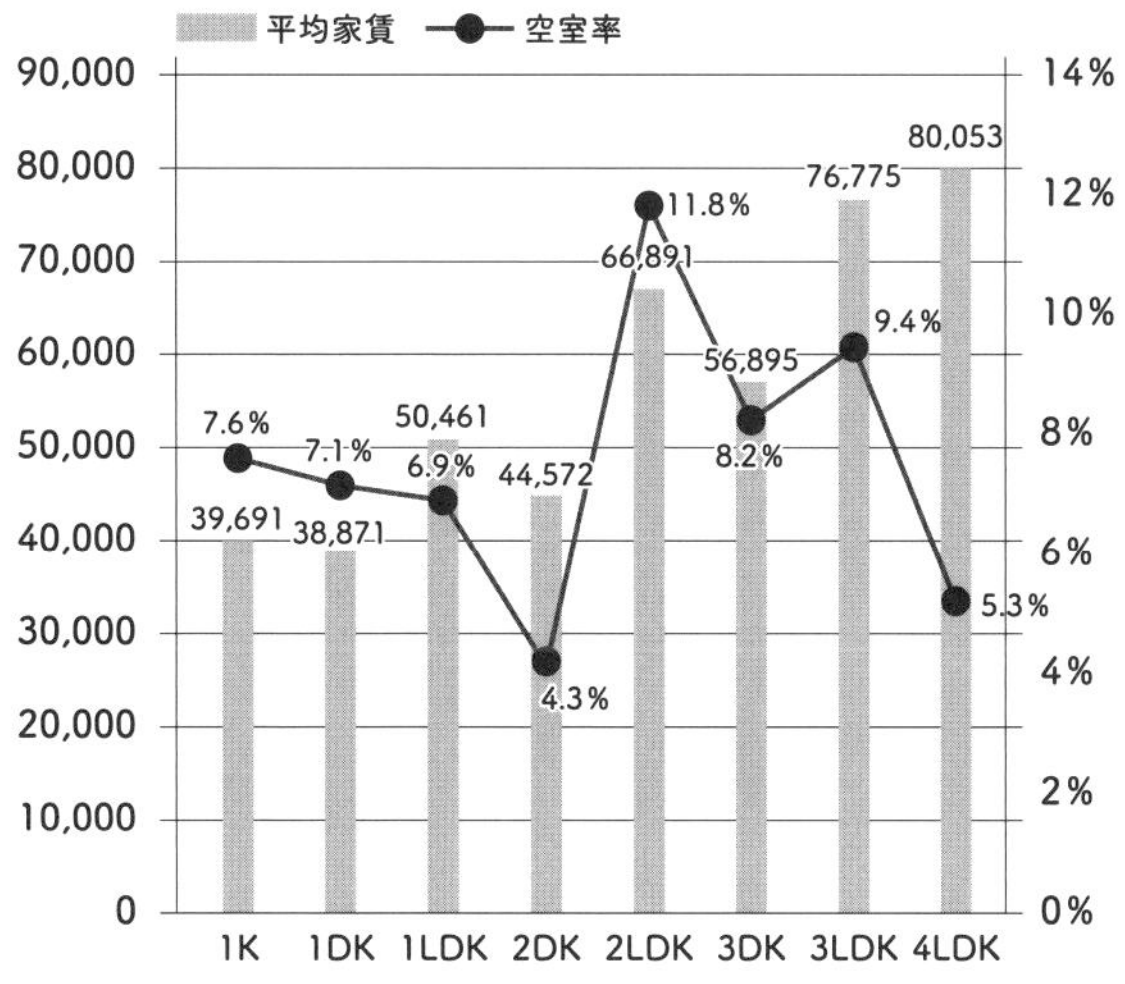

ニーズを反映した結果であるといえます。

■構造別シェア（割合）と空室率

構造別のシェア（割合）と空室率については図２－17に示しています。シングルタイプでは、ＲＣが40・２％、続いて重鉄造が37・５％とそれぞれ約４割を占めています。これに反して、ファミリータイプは、木造が一番多く35・４％、ＲＣが32・２％、重鉄が29・４％となっています。木造、ＲＣ、重鉄の割合は拮抗しています。地方都市においての不動産投資は、投資利回りの高さが最も重視されているため、建築単価が低い木造のニーズが高いことが、特にファミリータイプにみられます。建物の構造において、耐火建築物であるＲＣや重鉄と木造とで入居ニーズには差がないということが、地方都市の特徴の一つにもなっています。

空室率は、全体として重鉄造が一番低くなっています。これは上下階の床の防音設計が賃貸住宅の大きな問題の一つであり、上下階の音が伝わりにくい重鉄造が好まれているからです。

図2-17　建物構造別シェアと空室率

		木造	軽鉄	重鉄	RC	計
シングルタイプ	賃貸戸数(戸)	274	22	497	533	1,326
	空室戸数(戸)	25	2	28	37	92
	空室率(%)	9.1%	9.1%	**5.6%**	**6.9%**	6.9%
	シェア(%)	**20.7%**	**1.7%**	**37.5%**	**40.2%**	100%
ファミリータイプ	賃貸戸数(戸)	980	84	814	892	2,770
	空室戸数(戸)	74	6	60	84	224
	空室率(%)	7.6%	7.1%	7.4%	**9.4%**	8.1%
	シェア(%)	**35.4%**	**3.0%**	**29.4%**	**32.2%**	100%
トータル	賃貸戸数(戸)	1,254	106	1,311	1,425	4,096
	空室戸数(戸)	99	8	88	121	316
	空室率(%)	7.9%	7.6%	6.7%	8.5%	7.7%
	シェア(%)	30.6%	2.6%	32.0%	34.8%	100%

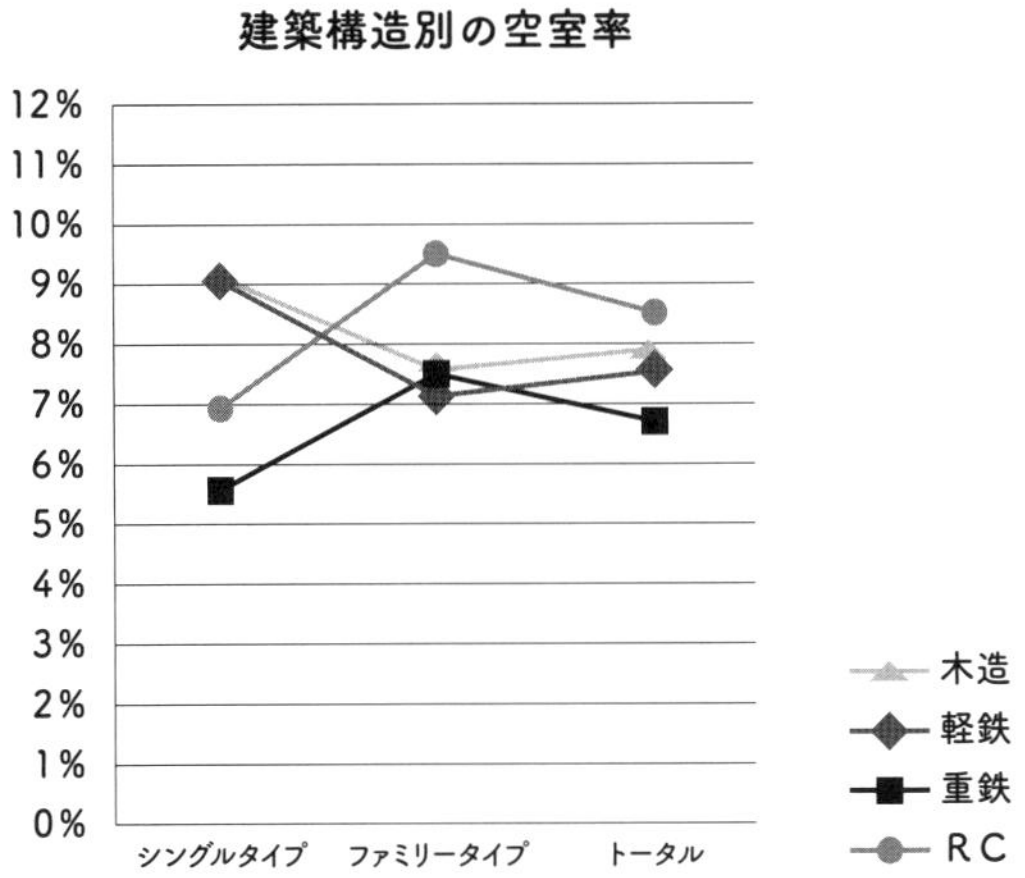

6 エリア別のマーケット分析

図2-18　朝日不動産 富山市店舗エリアマップ

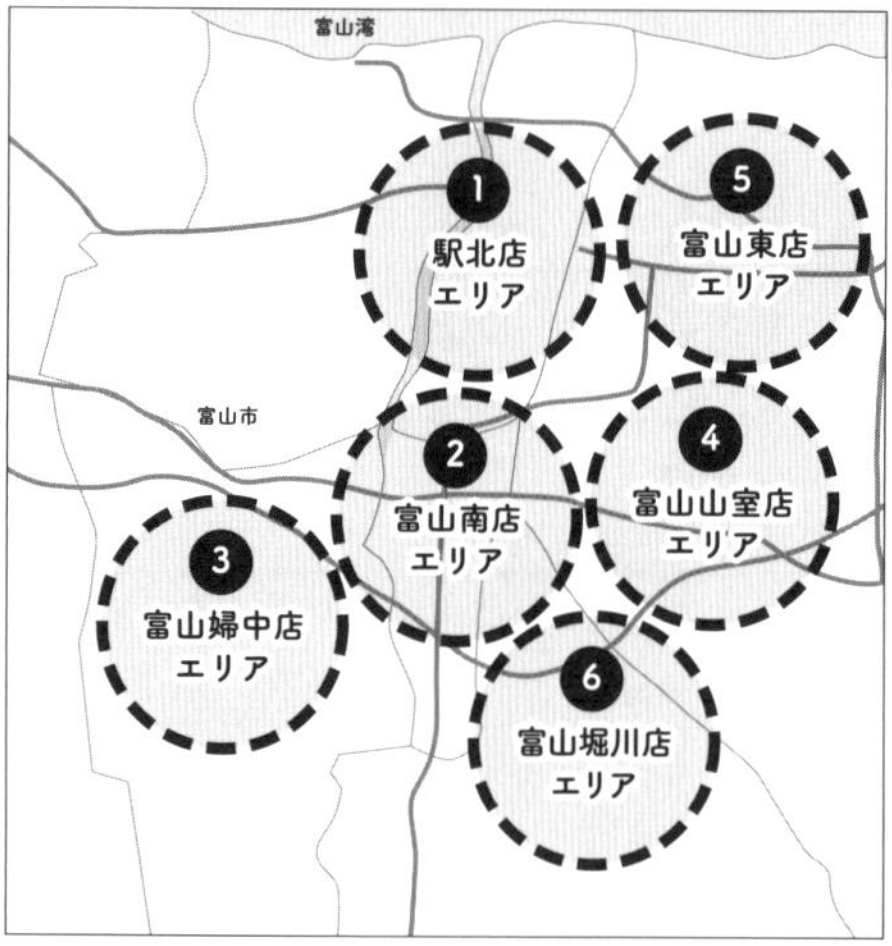

富山市内の店舗を中心に図2－18のように6つのゾーンに分けて、各エリアの特徴を把握しています。また、図2－19ではエリアごとの特徴を示しています。①の駅北店は事業所、飲食店など都市機能の中心に位置しているので、法人の社宅需要の旺盛なエリアです。それに対して、富山市の南に位置する②の南店エリアは、南部に進出したIT関連工場の派遣社員の需要が高く、一度に大量の部屋探し需要が発生し、高級住宅地としても人気が高いエリアです。富山市の西に位置する③の婦中店エリアは、

図2-19　6つのエリアの特徴

❶駅北店エリア	ＪＲ富山駅があり、オフィス、商業ビルが立ち並んでいる富山市の中心地。
❷南店エリア	北陸自動車道富山インターに近く、郊外型商業店舗が幹線道路沿いに並んでいる。ＩＴ関連の工場の派遣社員のニーズがある。
❸婦中店エリア	富山市一番の郊外型ＳＣ「ファボーレ」を中心とし、周辺が大型住宅団地の開発で人口の増加が著しい。
❹山室店エリア	市内循環道路の「草島線」開通により郊外型商業店舗が沿線に張り付いている。さらには、区画整理事業により、新しい住宅街も形成している。
❺東店エリア	北部に位置し、幹線道路として国道８号線が通っている。大型ＳＣを中心に市街地開発が小規模に進んでいる。
❻堀川店エリア	古くからの集落に、宅地造成された新しい住宅街が混在している。

大型ショッピングセンターを核として、幹線道路沿いに郊外型の店舗が立ち並び、住宅地として人気の高いエリアとなっています。

エリアごとに入居データを分析、考察していきます。

■エリア別、シングルタイプ、ファミリータイプシェア（割合）

オフィスビルや商業店舗が立ち並ぶ市街地においては、単身者向けシングルタイプが多く、郊外の生活に便利な住宅地エリアにおいては、ファミリータイプが多くを占めます。図2－20では、各エリアにおけるシングル・ファミリーのシェア（割合）を

図2-20　エリア別シングル、ファミリータイプ割合

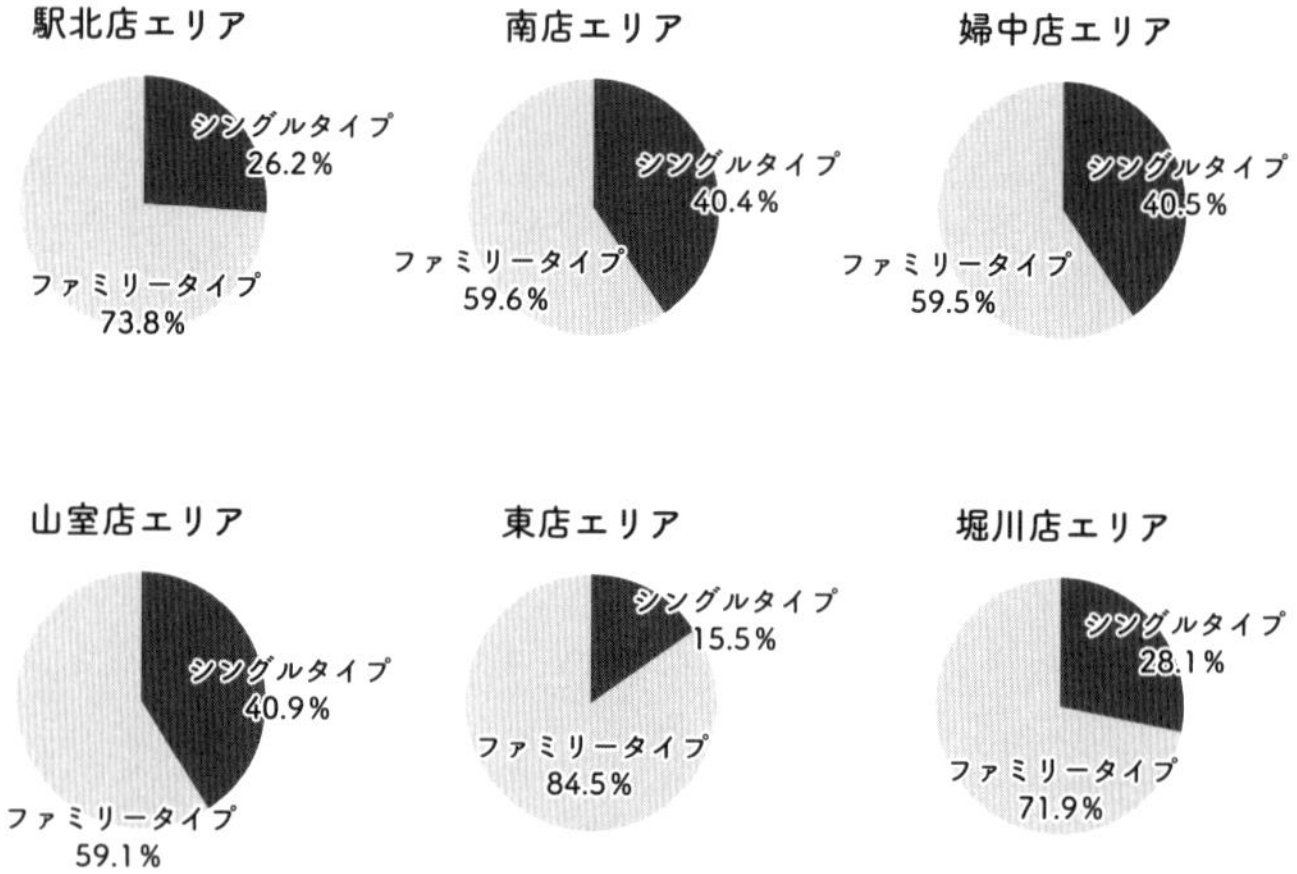

円グラフで示しています。エリアごとに存在する間取りがまったく違うということがよく分かります。

■エリア別、間取りのタイプごとの賃料と入居率

図2－21は「1K」の各エリアにおける平均家賃と入居率をグラフに表したものです。ここで平均家賃と入居率を掛け合わせた数値を実効賃料としました。実効賃料は、ネット賃料とも言い換えることもでき、純収入を意味します。

グラフを見ると婦中店エリアにおいての平均家賃が最も高く4万5953円で、一番低い堀川店エリアの3万1333円と比

図2-21 「1K」のエリア別賃料と入居率および実効賃料

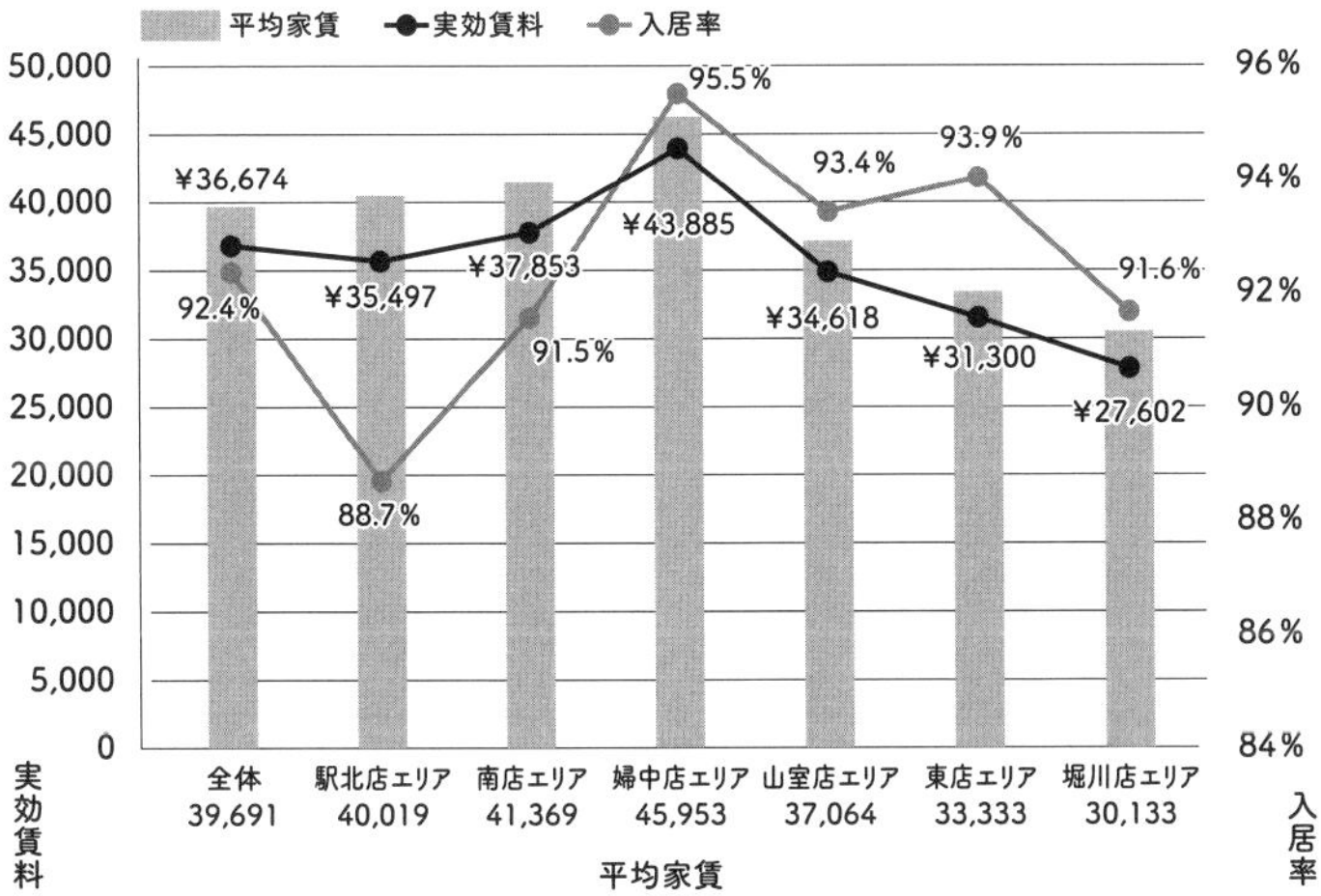

べると、実に1万5820円も家賃の差があることが分かります。婦中店エリアは、堀川店エリアの約1・5倍も平均家賃が高く、さらに、入居率にも大きな開きがあり、婦中店エリアの入居率は95・5%、堀川店エリアの入居率は91・6%となっています。したがって、実効賃料は婦中店エリアが4万3885円、堀川店エリアが2万7602円となり、その差は1万6283円にもなっています。土地の評価額は、婦中店エリアのほうが高いのですが、建築費は富山市内共通なので、もし富山市内で新築賃貸住宅を建てたい場合は、婦中店エリアで建てれば、実効賃料が高く見込め、有利であることが一目瞭然です。

図2-22 「1LDK」のエリア別賃料と入居率および実効賃料

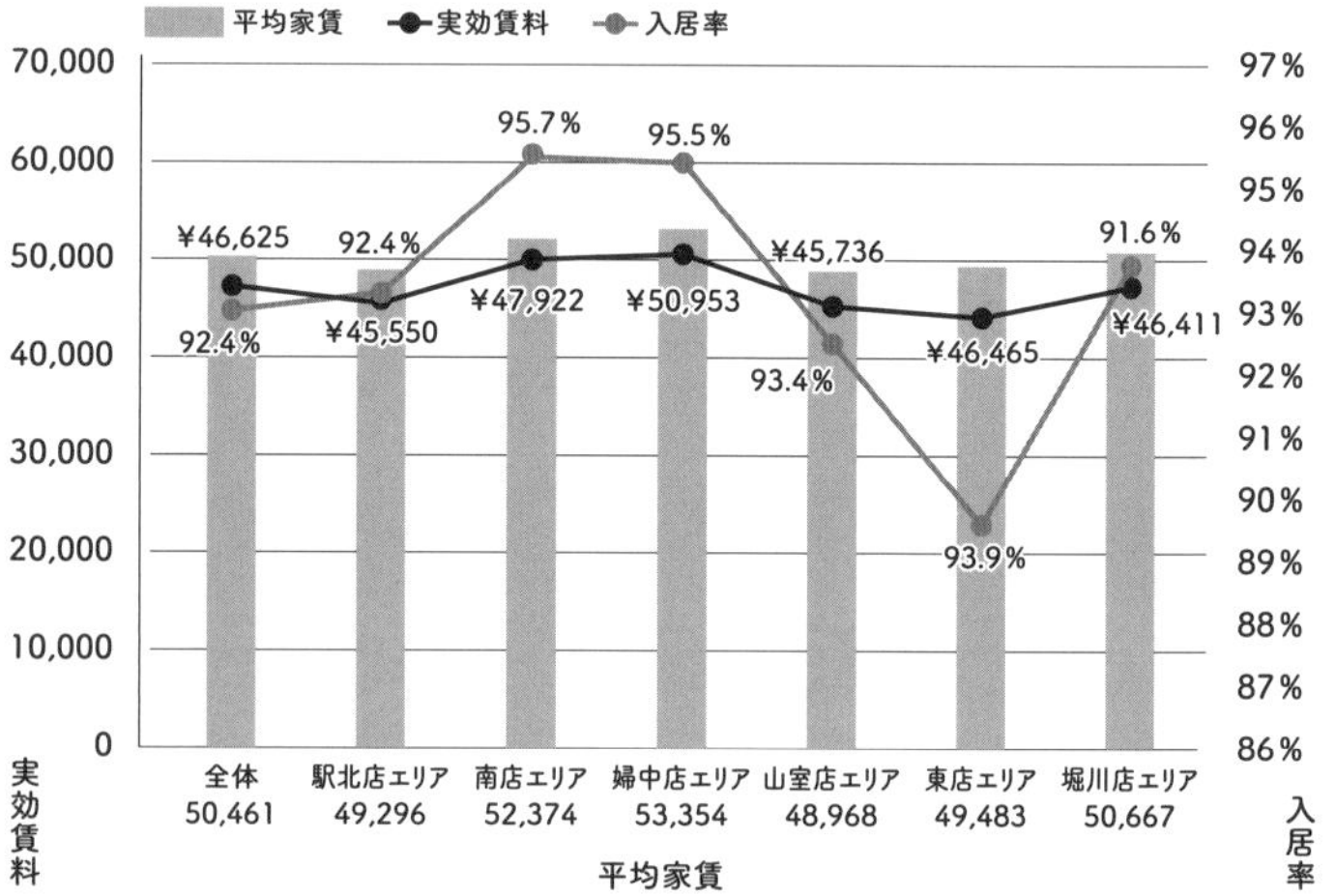

このように賃貸住宅経営は1にも2にも立地戦略が大切なのです。いかに市場（マーケット）調査が重要であるかがご理解いただけたかと思います。

図2－22には「1LDK」、図2－23では「2LDK」の間取りの平均家賃、入居率、そしてこの2つを掛け合わせた実効賃料をグラフにしています。

「1LDK」においても、婦中店エリアの平均家賃が5万3354円と一番高く、さらには入居率も2番目に高い95・5％、実効賃料も5万953円と、一番高くなっています。「1K」に続いて、「1LDK」も、婦中店エリアの収益が一番上がっています。

「2LDK」では、実効賃料が一番高いエ

図2-23 「2LDK」のエリア別賃料と入居率および実効賃料

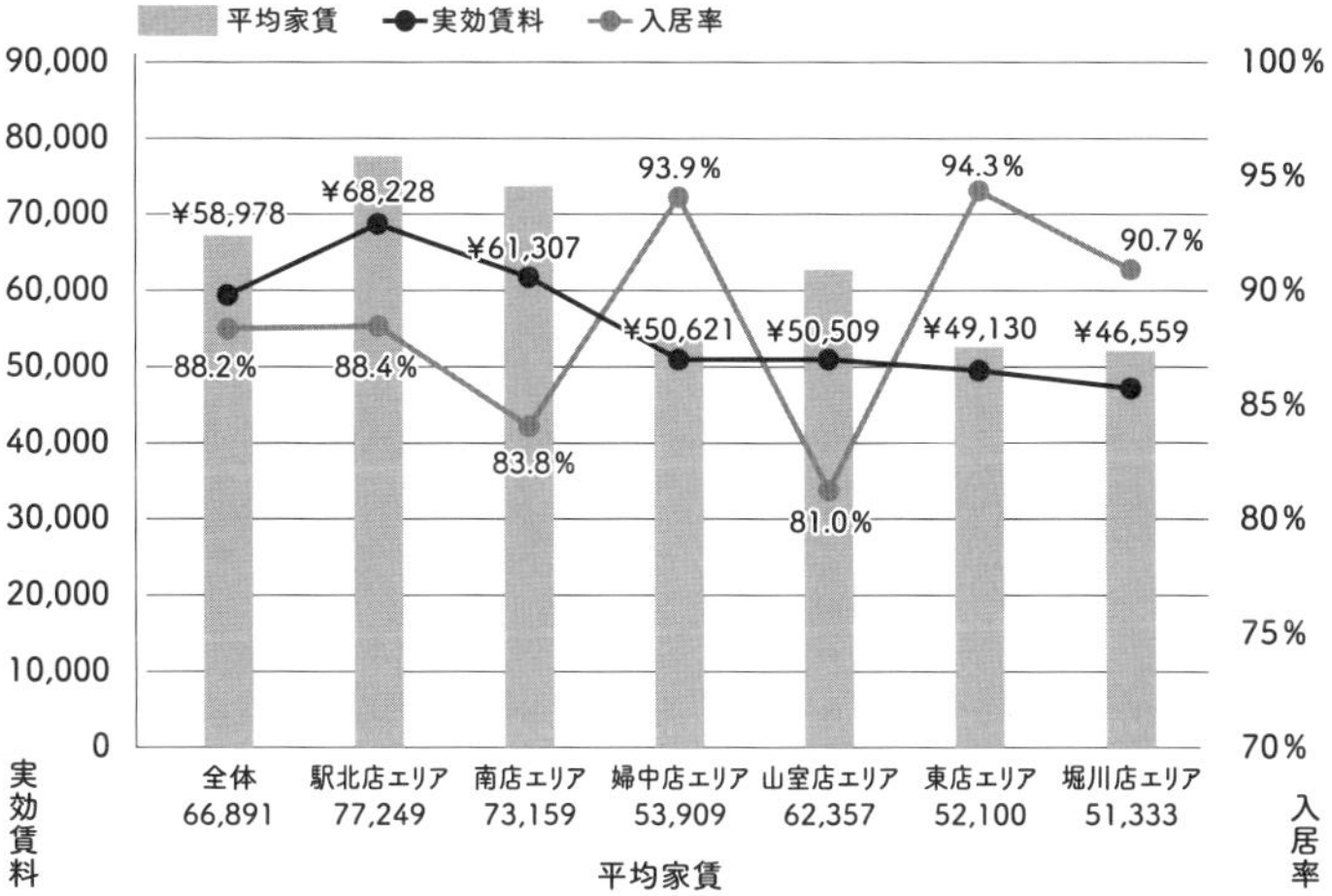

リアは駅北店エリアとなっています。ここは法人の需要の高いエリアで、企業の支店長クラス、幹部社員の社宅としてのニーズがあります。

7 セグメンテーション（市場細分化）

このように市場をタイプ、築年数、間取り、構造、地域ごとに細分化して、入居率を調査・分析する手法を「セグメンテーション（市場細分化）」といいます。どのような項目で、どのように市場を切り刻むのか、どのようなものさしで長さを測るのか、どのような方向から、どのような視点で見るのか、あらゆる切り口で観察してみると、稼働率を上げるための企画・戦略が観えてくるでしょう。

8 実務的な運用に関して

富山市においてエリアマーケティングの結果を示しました。賃貸経営をしている方は、富山市以外にも多く存在します。同じ行政区内であっても細分化することで、それぞれの特色が見えてきます。そのエリアに存在する賃貸住宅の平均家賃、空室率がまったく異なっているという実態が分かるのです。

coffee break ②

STPマーケティング

現代マーケティングの第一人者として知られるアメリカ合衆国のフィリップ・コトラーが提唱したマーケティングの代表的な手法の一つが「STPマーケティング」です。まずは、「STP」の頭文字について説明させていただきます。「S」とは「セグメンテーション：segmentation」セグメント化です。次に「T」は「ターゲッティング：targeting」ターゲット選定、最後の「P」は「ポジショニング：positioning」ポジション確立です。

このコロナ禍において、経済市況が劇的に変化しました。この劇的な市況の変化に伴い、登場したキーワードがDX、トランスフォーマーといわれる進化したテクノロジーへの期待です。「リモート」「遠隔サービス」「タッチレス（非接触）」「デジタル化」「ロボット化」「巣ごもり消費」「安全衛生」「宅配」などの新技術、新サービスです。

この不安定、不透明、急変中のコロナ禍において、市場（マーケット）のニーズをセグメント化します。エリア、ライフスタイル、購入動機、考え得るあらゆる切り口、角度から市場（マーケット）を切り刻み、グループ化してみます。この考え方が、「S：セグメンテーション」です。

次に、細分化、セグメント化された市場（マーケット）から勝てる市場（マーケット）、顧客のニーズを捕まえます。つまり、ニッチな特定の顧客を選別するのです。この考え方が、「T：ターゲッティング」です。例えば、賃貸業界においては、現在のコロナ禍の所得減少により増加傾向にある生活保護者、無職層、日本社会が潜在的にかかえる、LGBT層（同性愛者、両性愛者、性同一性障害者層）、身体障害者、高齢者などの生活弱者といわれる方々をターゲットとして考えることはできないでしょうか。社会問題に正面から向き合う価値のある取り組みかもしれません。

最後に、この選定した市場（マーケット）に存在する特定の顧客へのサービスの品質を決定します。すでに存在する競合のライバル他者を分析し、比較検討のうえ、他者と差別化されたポジショニングを狙います。すなわち、自社の立ち位置の明確化です。この考え方が、「P：ポジショニング」です。

「STP」いずれも重要な考え方、作業になりますが、市況の変化に敏感に反応し、市場（マーケット）を細分化、セグメント化することからのスタートです。第2章でお伝えしました、市場（マーケット）をいろんな項目、切り口で見るエリアマーケティングの分析結果を最大限活用したいものです。皆さま、ぜひ、エリアマーケティングの可能性を感じてください。

第3章

稼働率を上げる方法②

長く住んでもらい、退去してもすぐに埋める

1 市場の声から、お客さまの声へ

第2章では自分の所有する賃貸マンション・アパートと同一エリア内での競合するライバル物件の情報を収集把握、家賃のコンペア式により、入居者が決まる家賃を発見する方法、戦略的に稼働率を上げ、継続することを目的とし、実際に空室を埋めるためには、エリア内全域の賃貸住宅の状況を調査・分析すること、そのための部屋づくりのエビデンスが戦略に欠かせないことを説明しました。共通概念は、「市場を観よ！」でした。

2 お部屋探しのお客さまと、入居中のお客さま

本章ではマーケティングにおいて、もう一つの重要な視点である「カスタマー・イン、お客さまに聞け！」について説明していきましょう。私は常に「お部屋探しをしているお客さま」と「入居中のお客さま」それぞれの声を聞き、ニーズを把握するように心掛けています。

富山県内の11カ所のリーシング店舗にてお部屋探しに来店されたお客さまに直接ヒアリングし、その結果を集計しています。この結果を基にお客さまのニーズを分析したうえで、大家さんが部屋づくりを行えばすぐに入居者が決まるようにしています。

一方、すでに部屋に入居し、生活中のお客さまからは満足している点や改善して欲しい点などについてヒアリングをしていくことで、管理運営に役立つ情報が得られます。

現在の住環境が快適で満足していれば、そこに長期で住んでもらうことができます。この長期に住んでもらう戦術を「テナントリテンション（長期入居）」といいます。空き部屋がなければ、居住者を決めるといった作業も必要がありません。最も生産性の高い、効率の良い戦略といえるでしょう。入居中のお客さまの声は「お困りごと（クレーム）」の内容と、お部屋の退去理由から推測するようにしています。

3 お部屋探し実態調査

図3－1は、お部屋探し実態調査の結果を座標に表したものです。部屋を探すうえで、自分が理想とする条件と実際に部屋を決めたときの条件との違いによって、最終的な決め

図3-1　お部屋探し実態調査

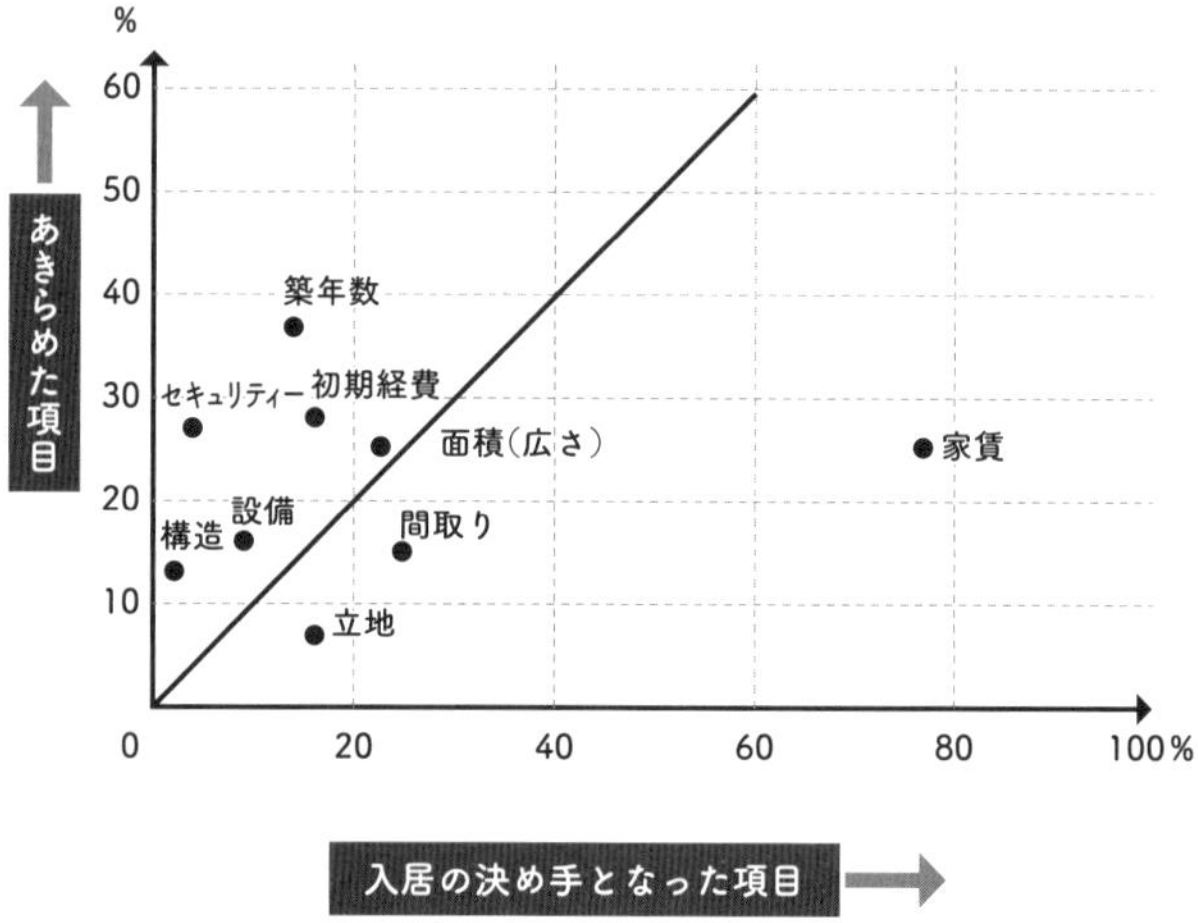

手となった項目とあきらめた項目がよく分かるようになっています。お部屋探しをするうえで最も重要視し、こだわっている条件が生活費として一番影響のある家賃という結果が出ました。家賃は入居の決め手となった項目のうち80％近い数値になっており、他の項目を大きく引き離しています。その結果から、稼働率を上げるための最大の戦略は、家賃の設定にあることが分かります。また、間取り、広さに関しても、決定するうえでの重要項目であることが分かります。あきらめた項目の中で一番高いのが築年数で40％に迫っています。つまり、支払い家賃を予算の範囲に留めるためには、多少、自分の希望からしては古く、築年数

が経過していても、そこはあきらめざるを得ないとしていることが分かります。家賃は妥協できないけれども、築年数に関しては、妥協しているのです。したがって、稼働率を上げるための企画・戦略上、最優先で考える項目は家賃、次に間取りになります。

4 お部屋探しのお客さまの声を聞く！「設備ニーズアンケート」

このデータは、2018年4月1日から2019年3月31日までの期間の456件のサンプルを基にしています。また、前年の2017年4月1日から2018年3月31日までの期間のサンプルデータ665件と比較分析をしています。図3－2は実際に使用しているアンケート用紙です。設備については洗浄機能付きトイレなどを付けて欲しい場合、こだわり条件としてオール電化のマンションに住みたい場合、オール電化ではない同程度の賃貸マンションと比較していくらまでなら家賃がアップしてもいいかという設問になっています。このアンケートの回答から特定の設備を設置する、すなわち付加価値をつけることが、家賃の値上げという収益アップにいくらまで反映させることができるかが分かります。

調査対象は「単身者層」と「カップル・ファミリー層」に分類して座標に落とし込んで

図3-2　富山版アンケート用紙

1. 場所：富山県内のアパマンショップ
   11店舗の店頭で聞き取り
2. 期間：2018／4／1～2019／3／31
3. サンプル数：456

必要度合いと許容平均額を
4つのゾーンにポジショニング

Ⅰ：**ニーズが高く**
賃料アップも仕方ない

Ⅱ：**ニーズは少ないが**
強い要望を持つ層が存在

Ⅲ：**ニーズは高いが**
賃料アップは避けたい

Ⅳ：**ニーズは少なく**
賃料アップは避けたい

ご希望の設備アンケート　お答え頂いたアンケートは、入居者様のご意見として、より良い賃貸物件づくりに活用させて頂きます！

性別　□男性　□女性
年代　□10代　□20代　□30代　□40代　□50代～
家族構成　□単身　□カップル　□夫婦＋子ども（就学児）　□夫婦＋子ども（未就学児）　□その他

		必要なし	家賃次第	絶対必要	その設備があれば、家賃にいくらプラスしてもいいと思いますか？ 0円	500円まで	1,000円	1,500円	2,000円	2,500円	3,000円	3,500円	4,000円	4,500円	5,000円以上
あてはまる項目の□に✓をご記入ください。															
設備について	洗浄機能付きトイレ（ウォシュレット）	□	□	□	□	□	□	□	□	□	□	□	□	□	□
	浴室乾燥機	□	□	□	□	□	□	□	□	□	□	□	□	□	□
	追炊き機能風呂	□	□	□	□	□	□	□	□	□	□	□	□	□	□
	独立洗面台	□	□	□	□	□	□	□	□	□	□	□	□	□	□
	IHクッキングヒーター	□	□	□	□	□	□	□	□	□	□	□	□	□	□
	光ファイバー（高速通信設備）	□	□	□	□	□	□	□	□	□	□	□	□	□	□
	オートロック	□	□	□	□	□	□	□	□	□	□	□	□	□	□
	ピッキング対策カギ（ディンプルキー等）	□	□	□	□	□	□	□	□	□	□	□	□	□	□
	TVモニター付インターホン	□	□	□	□	□	□	□	□	□	□	□	□	□	□
こだわり条件ついて	バス・トイレ別	□	□	□	□	□	□	□	□	□	□	□	□	□	□
	オール電化	□	□	□	□	□	□	□	□	□	□	□	□	□	□
	インターネット無料	□	□	□	□	□	□	□	□	□	□	□	□	□	□
	あと1畳の収納スペース	□	□	□	□	□	□	□	□	□	□	□	□	□	□
	2階以上の部屋	□	□	□	□	□	□	□	□	□	□	□	□	□	□
	ペット同居可	□	□	□	□	□	□	□	□	□	□	□	□	□	□
	マンション（建物構造が鉄筋コンクリート等）	□	□	□	□	□	□	□	□	□	□	□	□	□	□
	防犯装置付き駐車場	□	□	□	□	□	□	□	□	□	□	□	□	□	□
	洋室のみ（和室不要）	□	□	□	□	□	□	□	□	□	□	□	□	□	□

貴重なご意見を頂きまして、ありがとうございました！　朝日不動産株式会社

います。ターゲットとするお客さまによって、設備のニーズがかなり違っていることが分かり、アンケート結果を参考に設備を設置していきます。また、前年の調査結果と比較し、変化・趨勢をみることによって、今後のニーズの動向を予測していくことができます。お客さまが「必要」と答えた設備の比率が増えていく傾向であれば、現状、その設備を求めるお客さまの比率が低くても、思い切って採用することが望ましいでしょう。

■単身者の「設備ニーズアンケート」

単身者が探す部屋のニーズアンケート結果に基づいて、プロットした表が図3－3

です。X軸（横軸）が特定の設備を設置した場合、「増加してもいい」と回答があった家賃の金額です。Y軸（縦軸）は、この設備が欲しいと答えるお客さまの割合です。すなわち、お部屋探しのお客さまのニーズの高さを割合という指標で表しています。例えば、単身者において最も必要だとする割合が高い設備は、90％を超える「バス・トイレ別」です。さらには、バスとトイレ一体型の物件と比較して、1500円高くても「バス・トイレ別」の物件を選ぶという結果が出ています。ここから単身者向けマンションは、「バス・トイレ別」にすることが絶対条件であると読み取ることができます。

■4つのゾーン

ここで横軸（X軸）の許容平均額（上げてもいい家賃の幅）と、縦軸（Y軸）の平均値（設備の必要割合）を図上にラインを引きます。それぞれのラインを基準にして、その左右、上下に4分割します。ここでは、許容平均額（上げてもいい家賃の幅）の平均値は1447円、必要度合いの平均値（設備の必要割合）は、58・4％になっています。

さて、この各平均線にて区分けされた4つの区画は、何を意味しているのかを説明します（図3－3、図3－4）。

図3-3　入居者ニーズ、必要度合いと家賃許容平均額（単身者）

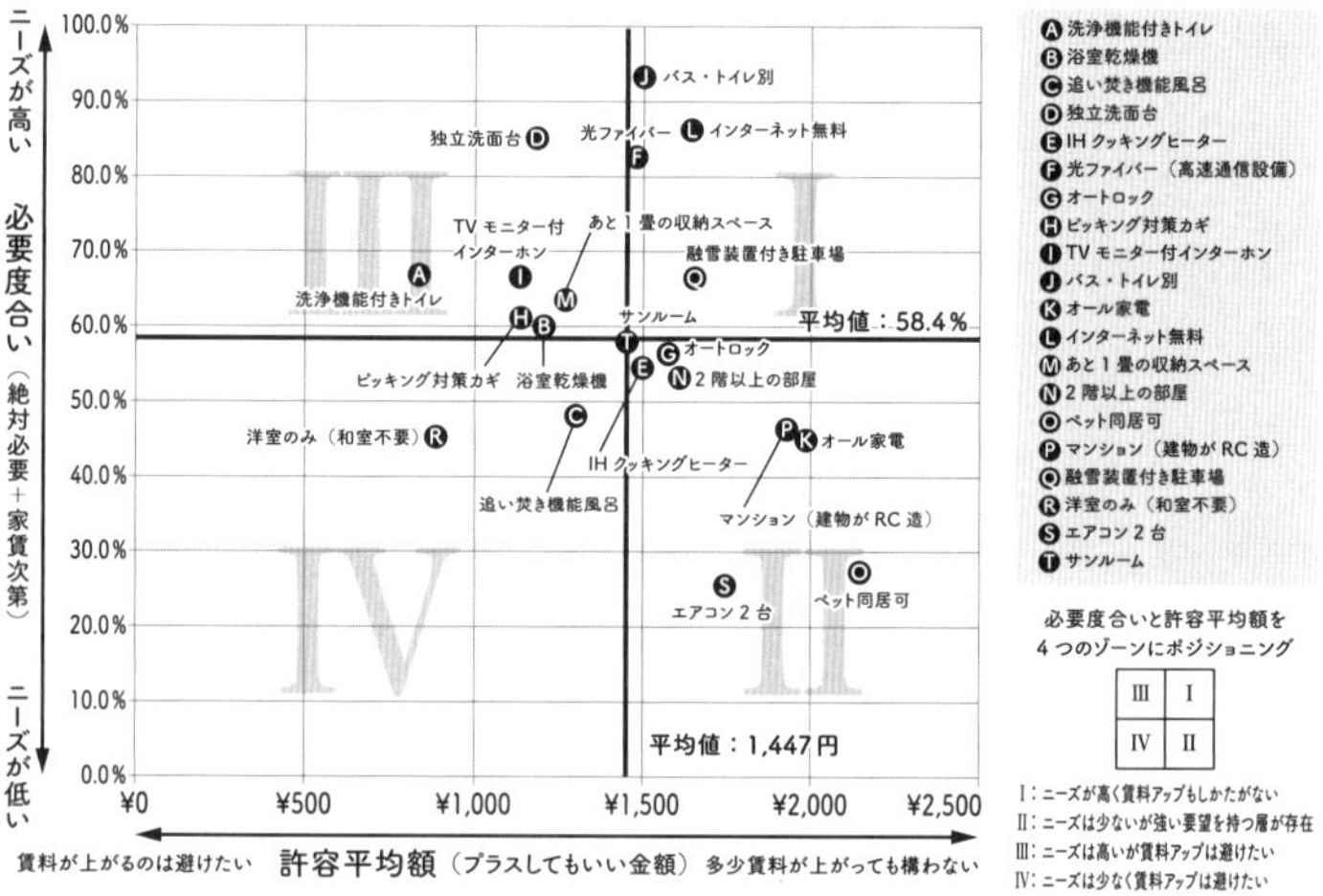

Ⅰゾーン：設備ニーズが高く、ニーズが高いゾーン

このゾーンにプロットされた設備を設置すれば、家賃をアップすることができます。このⅠの領域にある設備項目は「バス・トイレ別」、「インターネット無料」、「光ファイバー（高速通信インフラ）」などです。そして、富山県は雪国のため、駐車場には融雪装置が設置されていることが重要な条件となります。設備設置に応じた賃料アップが見込めます。

Ⅱゾーン：設備としてのニーズは低いが、家賃はアップできるゾーン

このゾーンにある設備を設置することにより、Ⅰゾーンと同様に家賃のアップが可

図3-4　平均値で分割した4つのゾーン

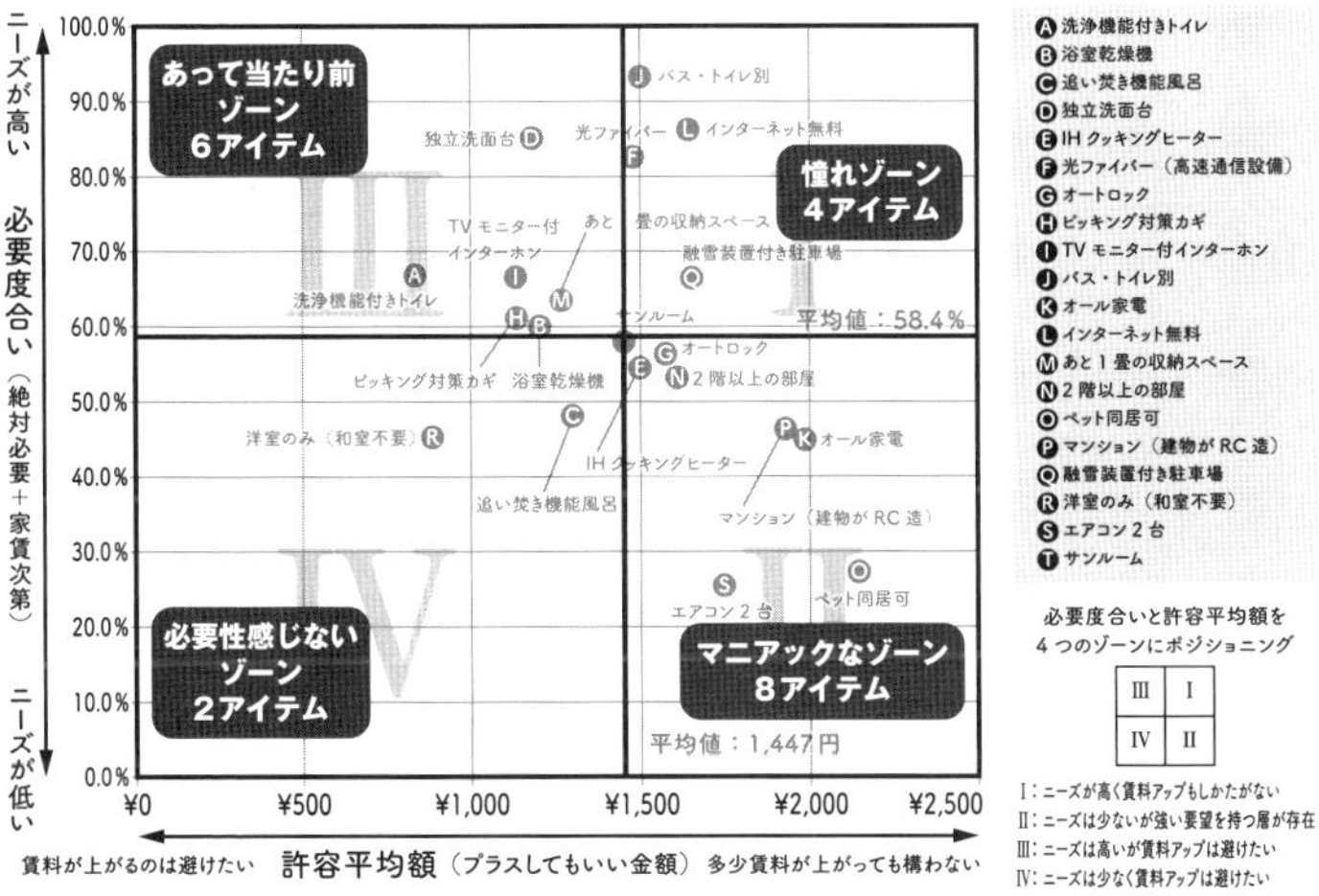

能です。ただし、Ⅰゾーンとの違いは、入居者のニーズとしてはニッチであることです。この設備を求める入居者の絶対数は少なく限定的なので、この設備を設置した部屋の供給が多すぎると、この設備に価値を見出さない層のお客さまにまで到達してしまいます。設備に価値を見いだせないお客さまは、その設備のために家賃をアップしてまで入居しようとはしません。この設備を必要としている限定的な顧客をターゲットとして、いかに戦略的につかめるかがポイントになります。

Ⅱゾーンの設備・サービスの代表項目が、「ペット同居可」「オール電化」「エアコン2台」「オートロック」「IHクッキン

図3-5　ゾーンIIの設備（単身者）

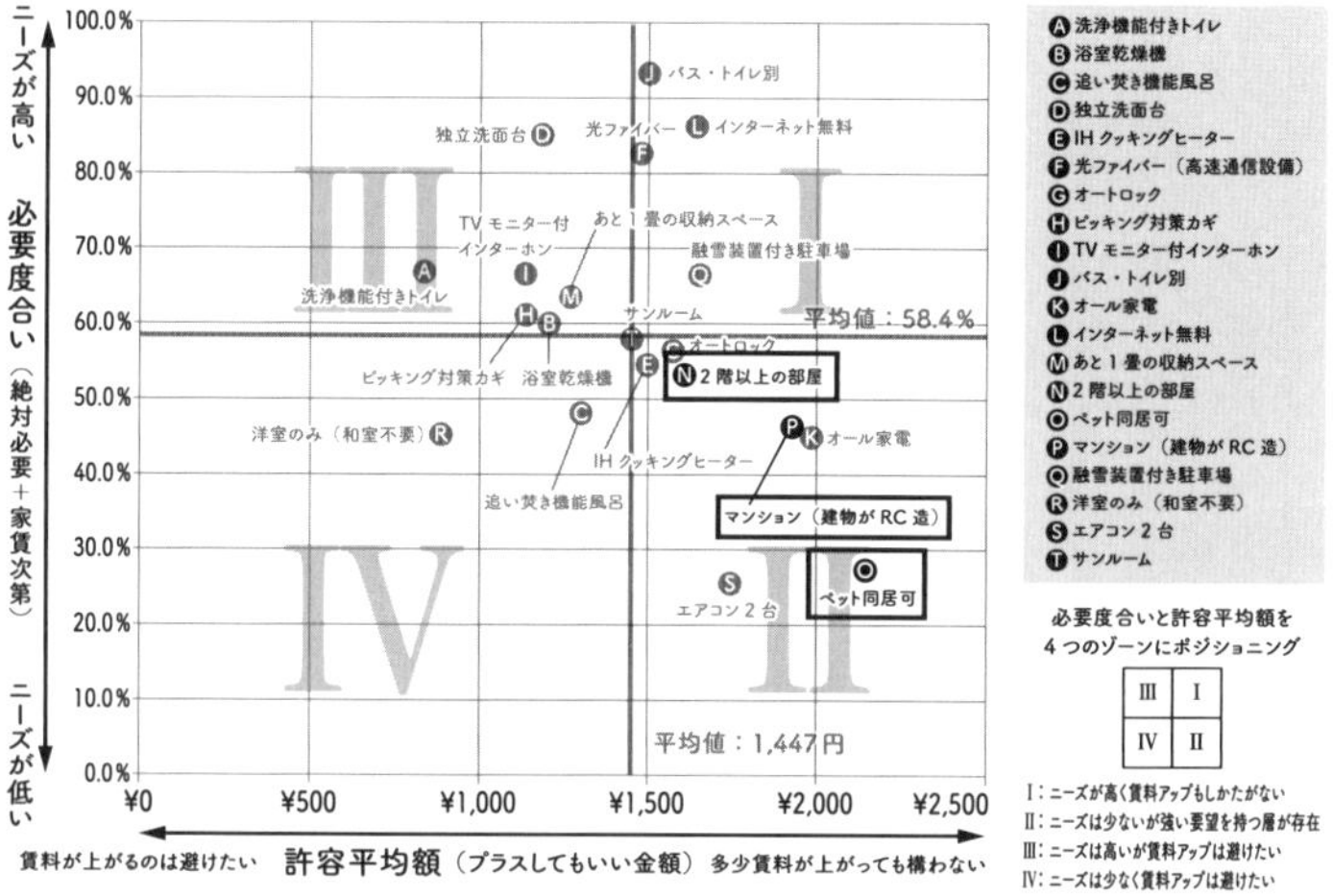

グヒーター」などになります（図3－5）。特に富山県は日本でも電力料金が低い地域なので、オール電化の賃貸マンション、賃貸アパートが他府県よりも広く普及しており、人気があります。

IIIゾーン：設備ニーズは高いが、家賃はアップできないゾーン

このゾーンにプロットされた設備は、あって当然という設備です。したがって、このゾーンにある設備やサービスがない場合は、そもそもお部屋探しのお客さまに選ばれない、土俵にも上がれない物件ということになります。このゾーンの設備は、必ず設置しておかなければなりません。その代表的な設備は、「独立洗面台」「TVモニ

図3-6　ゾーンⅢの設備（単身者）

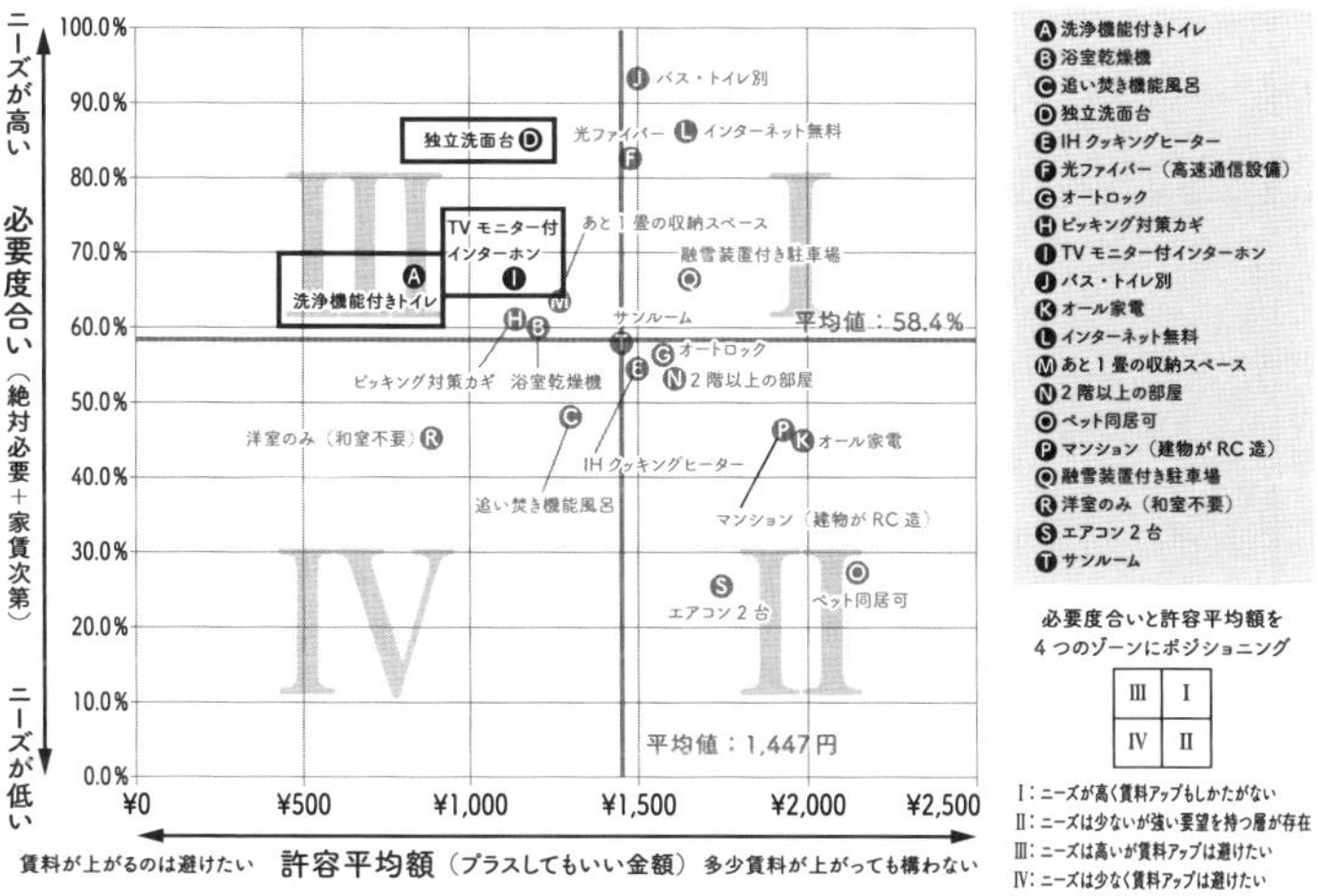

ター付きインターホン」「洗浄機能付きトイレ」などがあります（図3－6）。

Ⅳゾーン：もともと設備ニーズは低く、家賃アップも望めないゾーン

設備ニーズが低く、あえてこのゾーンの設備を行う必要はありません。たとえ設置したとしても家賃のアップにはつながりません。

例えば、「追い焚き機能付き風呂」になります。なお、この設備はカップル・ファミリー層では、Ⅲゾーンに位置し、ニーズの高い設備となっています。単身者層は、カップル・ファミリー層に比べ、長時間お風呂に入るというニーズが低く、ユニットバスの設置スペースが確保できない場合に

図3-7　2年間の個別設備の趨勢比較検証（単身者）

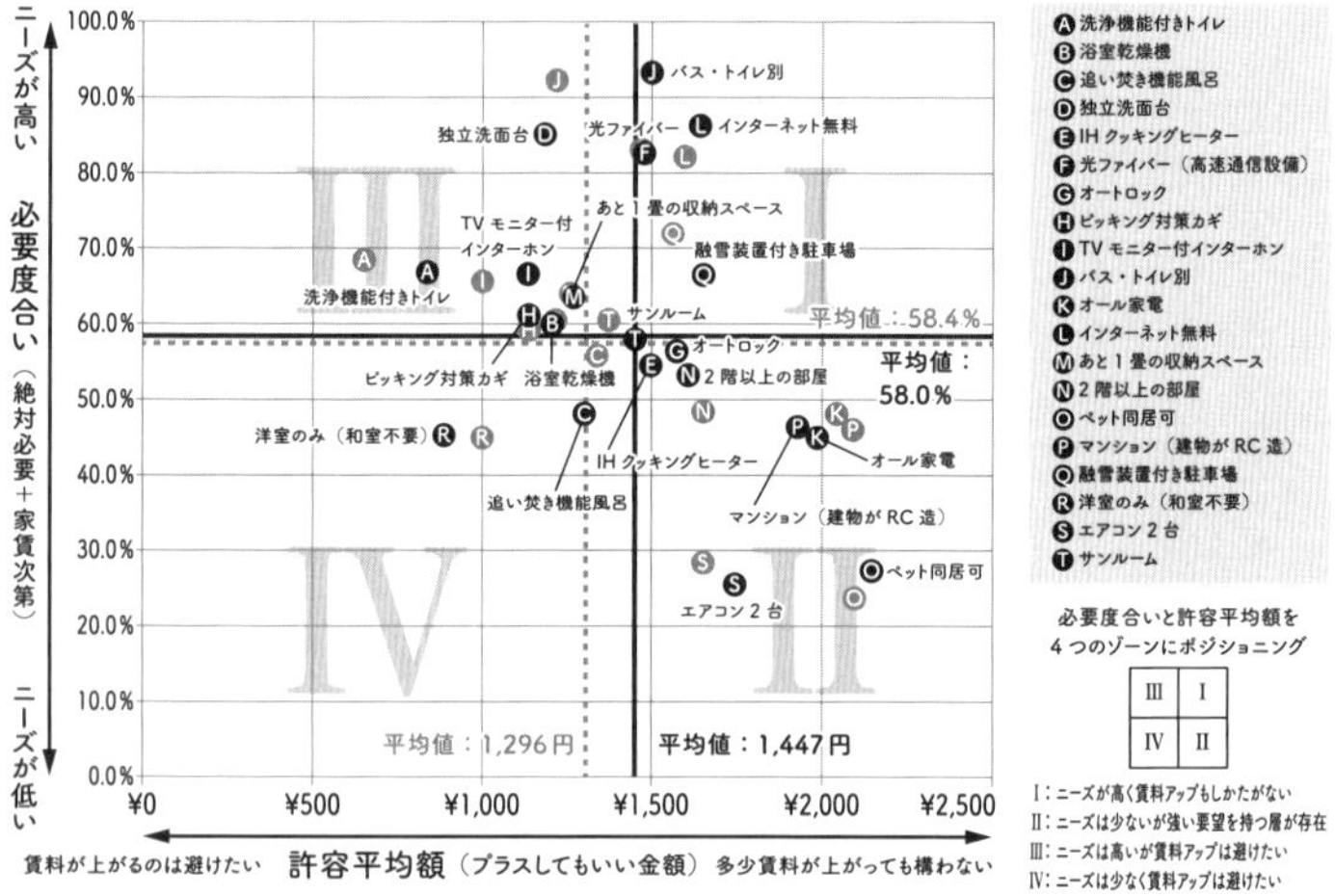

は、浴槽をあきらめ、シャワーブースのみを設置することも検討する価値があります。

■単身者の前年度のアンケート結果との比較

図3－7は、2017年度と2018年度のデータを合わせて座標にプロットしたものです。この2年を比較することによって、同じ設備項目の点の移動の状況から、動向を読み取ることができます。

図3－8は平均線に着目してみるとX軸の許容平均額（上げてもいい家賃の幅）が151円で、率にして11・7％増加しました。この傾向から2018年度は、前年度に比較して、求める設備のためには家賃

図3-8　２年間の趨勢比較（単身者）

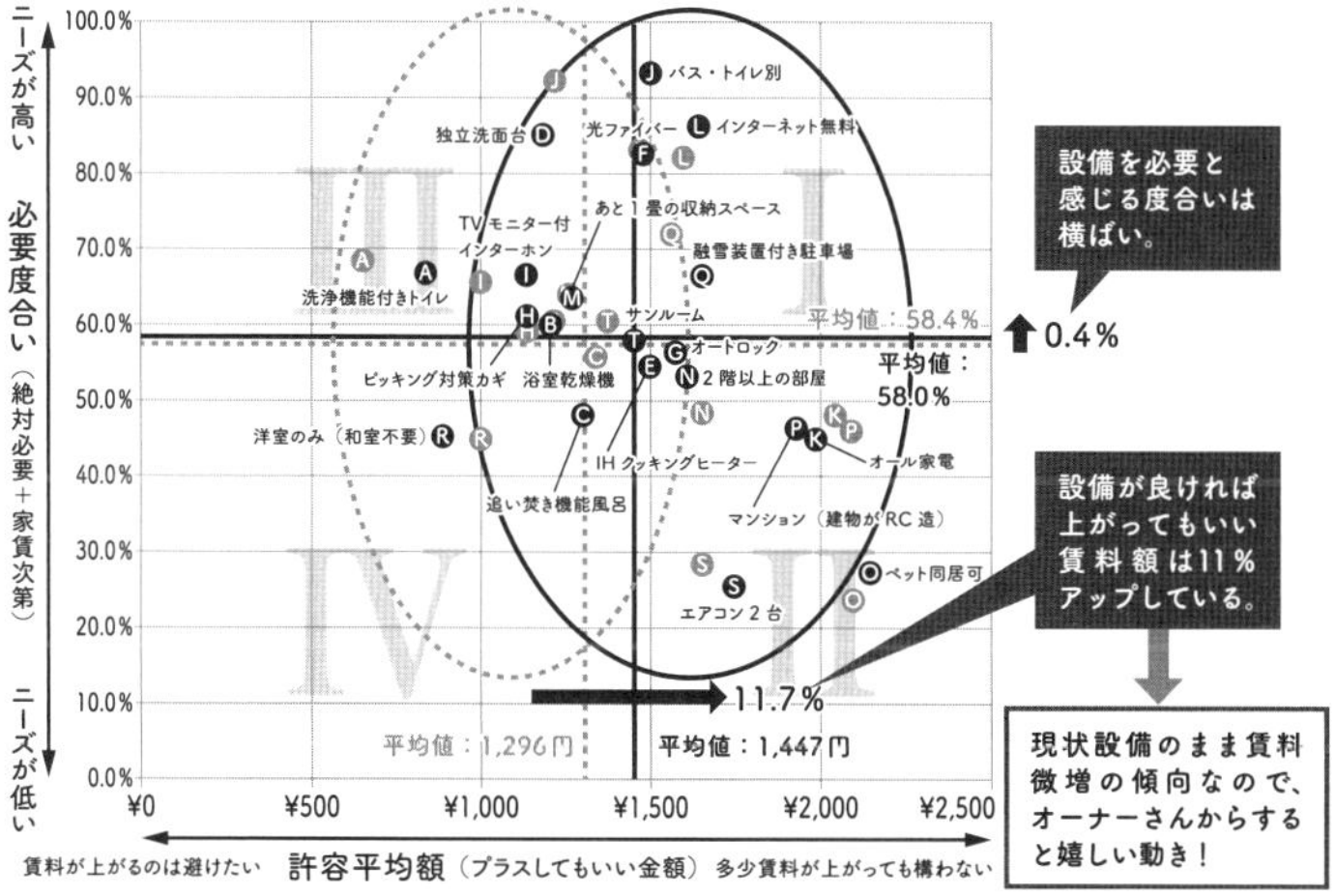

ニーズが高い
必要度合い（絶対必要＋家賃次第）
ニーズが低い
バス・トイレ別
独立洗面台
光ファイバー
インターネット無料
TVモニター付インターホン
あと１畳の収納スペース
融雪装置付き駐車場
洗浄機能付きトイレ
サンルーム
平均値：58.4%
オートロック
２階以上の部屋
平均値：58.0%
ピッキング対策カギ
浴室乾燥機
洋室のみ（和室不要）
IHクッキングヒーター
オール家電
追い焚き機能風呂
マンション（建物がRC造）
ペット同居可
エアコン２台
11.7%
平均値：1,296円
平均値：1,447円
賃料が上がるのは避けたい
許容平均額（プラスしてもいい金額）
多少賃料が上がっても構わない
設備を必要と感じる度合いは横ばい。
0.4%
設備が良ければ上がってもいい賃料額は11%アップしている。
現状設備のまま賃料微増の傾向なので、オーナーさんからすると嬉しい動き！

図3-9　２年間の設備をプロット（単身者）

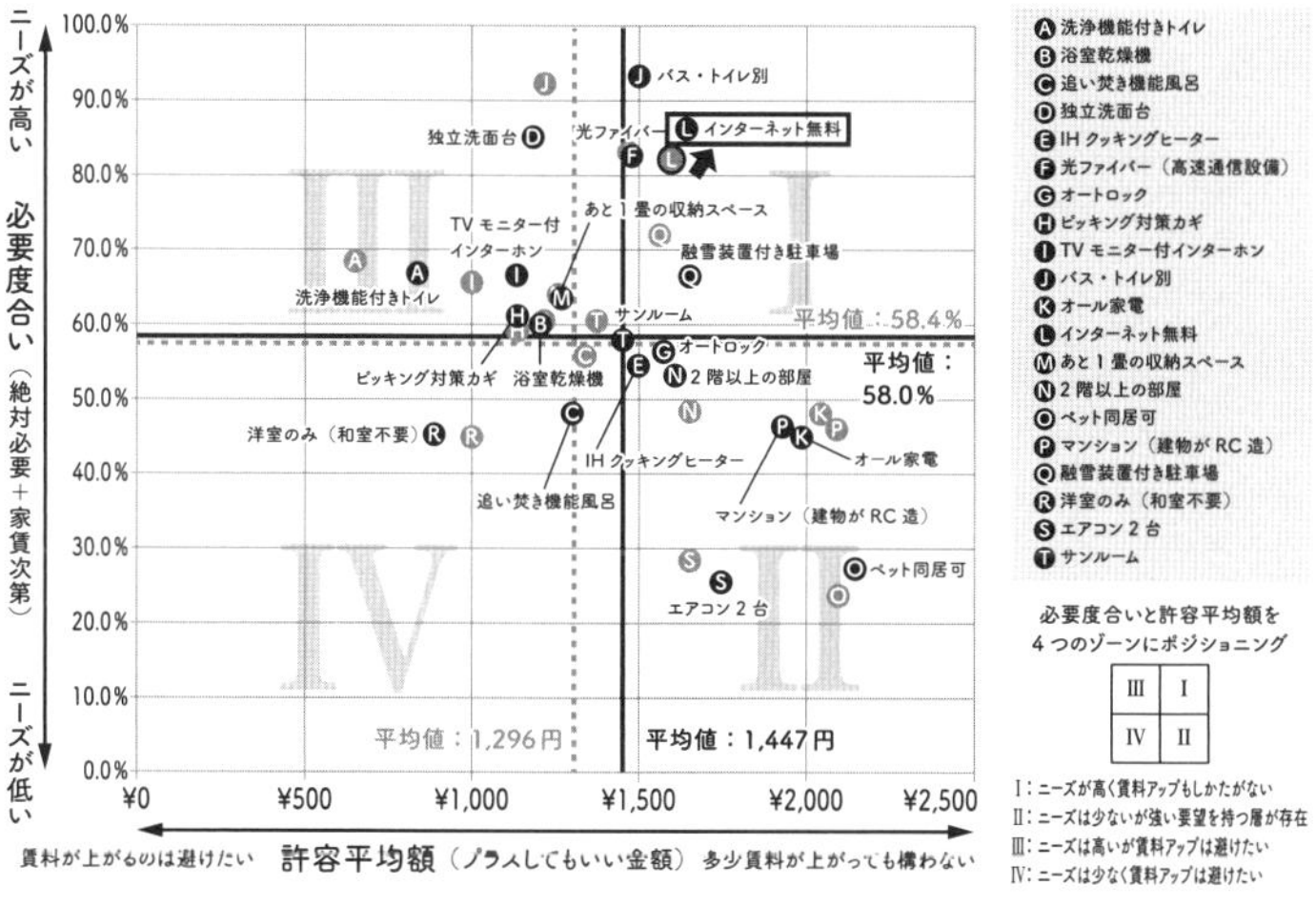

ニーズが高い
必要度合い（絶対必要＋家賃次第）
ニーズが低い
平均値：58.4%
平均値：58.0%
平均値：1,296円
平均値：1,447円
賃料が上がるのは避けたい
許容平均額（プラスしてもいい金額）
多少賃料が上がっても構わない
A 洗浄機能付きトイレ
B 浴室乾燥機
C 追い焚き機能風呂
D 独立洗面台
E IHクッキングヒーター
F 光ファイバー（高速通信設備）
G オートロック
H ピッキング対策カギ
I TVモニター付インターホン
J バス・トイレ別
K オール家電
L インターネット無料
M あと１畳の収納スペース
N ２階以上の部屋
O ペット同居可
P マンション（建物がRC造）
Q 融雪装置付き駐車場
R 洋室のみ（和室不要）
S エアコン２台
T サンルーム
必要度合いと許容平均額を４つのゾーンにポジショニング
Ⅰ：ニーズが高く賃料アップもしかたがない
Ⅱ：ニーズは少ないが強い要望を持つ層が存在
Ⅲ：ニーズは高いが賃料アップは避けたい
Ⅳ：ニーズは少なく賃料アップは避けたい

アップもやむなしと考えるお部屋探しのお客さまが増えたと解釈できます。比較的、経済が好転し、家賃の予算が上昇したのでしょう。

次に、Y軸の平均値（設備の必要度合い）は、わずか0・4ポイントの上昇に留まっています。このことから、設備に対するニーズへの意識の変化はほとんどなかったということが読み取れます。設備に対する満足度が、一定水準にあることを意味します。

図3－9を見ながら個別の設備についてみていきましょう。例えば、「インターネット無料」のサービスにおいて、ニーズが82％から86％へと4ポイントアップしています。「インターネット無料」は、お部屋探しのお客さまの、より重要な設備項目になっているといえます。

■カップル・ファミリー層の設備ニーズアンケート

次に、お部屋探しをしているカップル・ファミリーの設備・サービスのニーズアンケート結果を図3－10で見ていきましょう。

ニーズが高い設備として、「融雪装置付き駐車場」が88％です。単身者では67％でしたので、ファミリー層が約20ポイントも高いという結果になりました。このように、単身者

図3-10 入居者ニーズ、必要度合いと家賃許容平均額（ファミリー層）

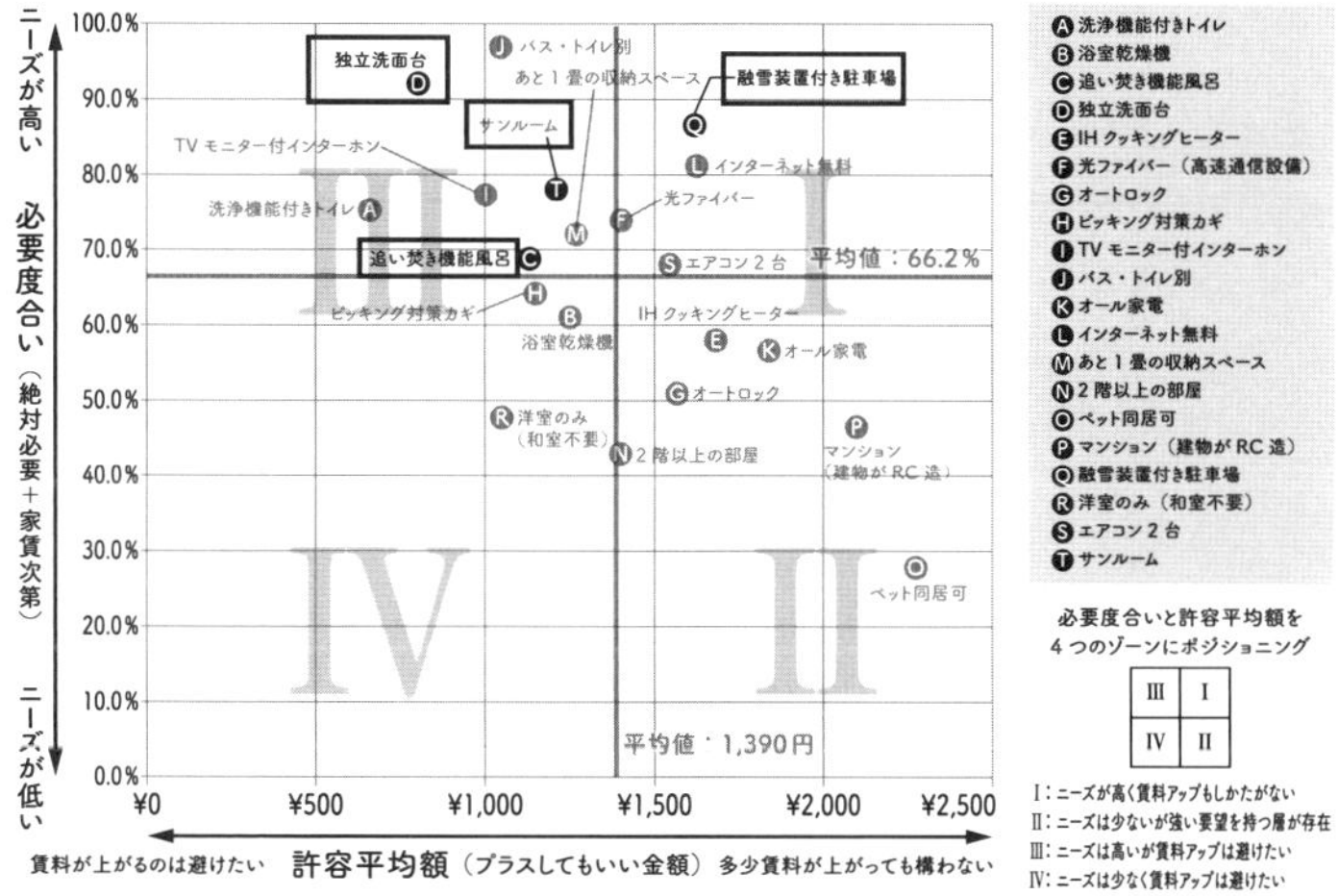

層とカップル・ファミリー層の設備ニーズには大きな違いがあることを認識する必要があります。カップル・ファミリー層は、積雪に伴う駐車場の除雪作業を負担に感じているのです。また、「独立洗面化粧台」のニーズは90%超となっており、単身者向けと比較して突出しており、必須条件であることが分かります。「サンルーム」や、「追い焚き機能風呂」も単身者よりもニーズが高くなっており、洗濯時の物干し、ゆっくり疲れを落とすための入浴など、ファミリーならではの生活様式を反映した結果になっています。このように単身者層、カップル・ファミリー層のニーズの特徴をしっかり把握してください。

■カップル・ファミリー層の前年度のアンケート結果との比較

図3－11は2018年度と前年度のデータを合わせて座標にプロットしたものです。単身者層でも行いましたが、前年度と比較して趨勢をみていきましょう。

まずは、平均線に着目します。X軸の許容平均額（上げてもいい家賃の幅）の線が前年度の1119円から1390円へと24・2％も高くなっています。2018年度は、前年度に比較して、求める設備のためには、単身者層以上に、家賃アップもやむなしと考えるお部屋探しのお客さまが増えたと解釈できます。

個別の設備、提供サービスのニーズを見ていくと、突出しているのが、「ペット同居可」です。家賃にプラスしていい額は、前年の1600円から2200円へと増加額にして600円、増加率は37・5％です。「ペット同居可」を求める人のニーズ割合は28％と特別高くはありませんが、「ペット同居可」の物件に入るためには家賃が高くなっても仕方がないというお客さまが根強く存在しています。すなわち、市場には、需要に対して「ペット同居可」物件の供給が少なく、ペットといっしょに住みたいお客さまのニーズに応えられていない状況が発生しています。収益を上げるために、「ペット同居可」にする

図3-11　2年間の趨勢比較（ファミリー層）

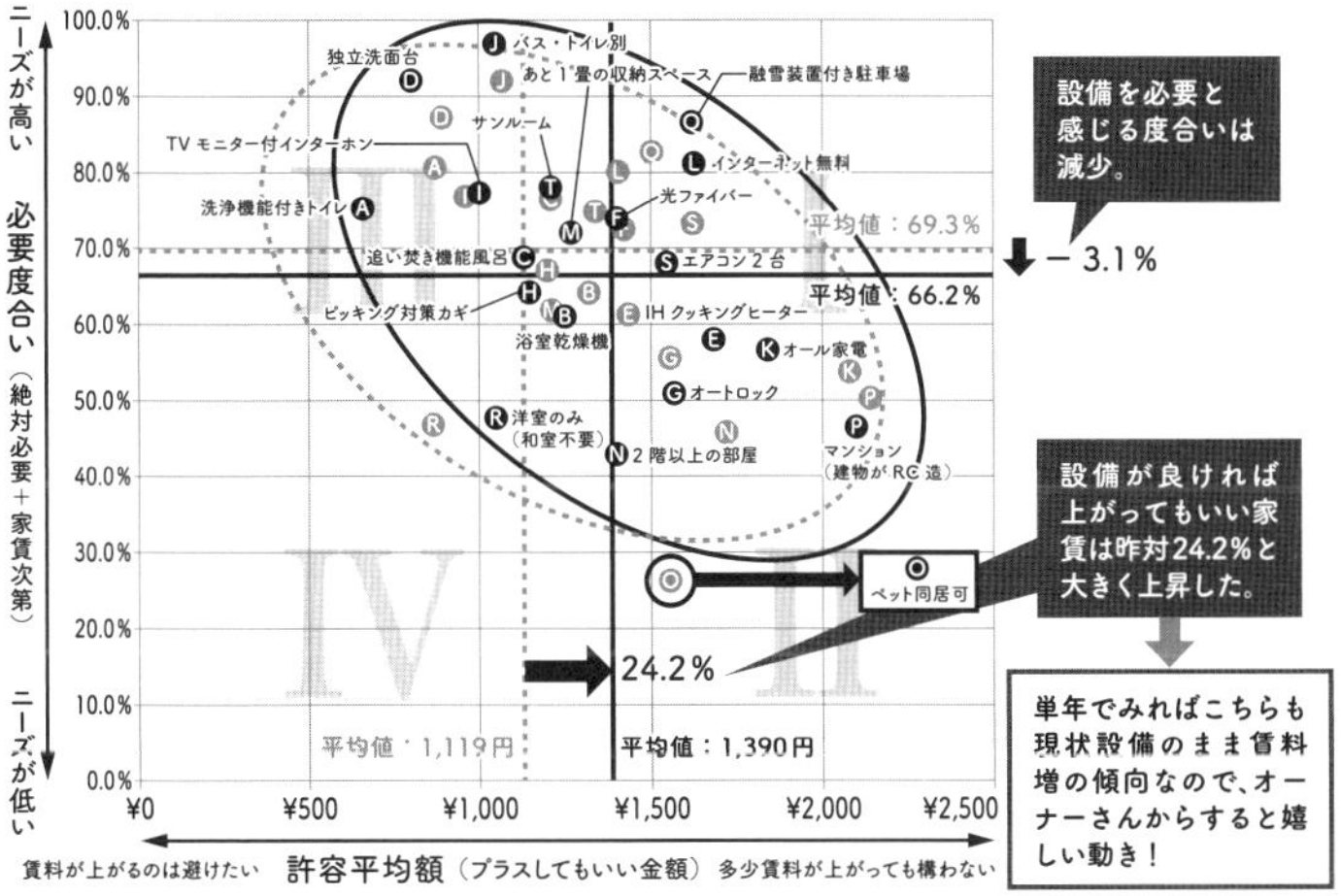

という戦略は、データ上、有効であることが読み取れます。ただし、Y軸のニーズ割合に増加傾向はみられないため、市場における現状の「ペット同居可」物件の入居率の状況をみながら、入居率が高い状況であれば、「ペット同居可」物件にすることで家賃アップが見込めます。ただし、「ペット同居可」物件が必要以上に供給された場合は、家賃のアップに反映できないというリスクもあり得ます。

5 お部屋に入居中のお客さまの声に耳を傾ける！

■ハード・ソフトの「お困りごと（クレーム）」割合

それでは、次に「カスタマー・イン」として、入居中のお客さまの声に耳を傾ける、についてみていきます。オーナーは入居中のお客さまから直接聞くことは実際にはできませんから、物件を管理する管理会社に寄せられる「お困りごと（クレーム）」が入居中のお客さまの声になります。図3－12は2018年5月1日から2019年4月30日までの期間にいただいた「お困りごと（クレーム）」をグラフ化したもの

図3-12　ハード・ソフト系「お困りごと」割合

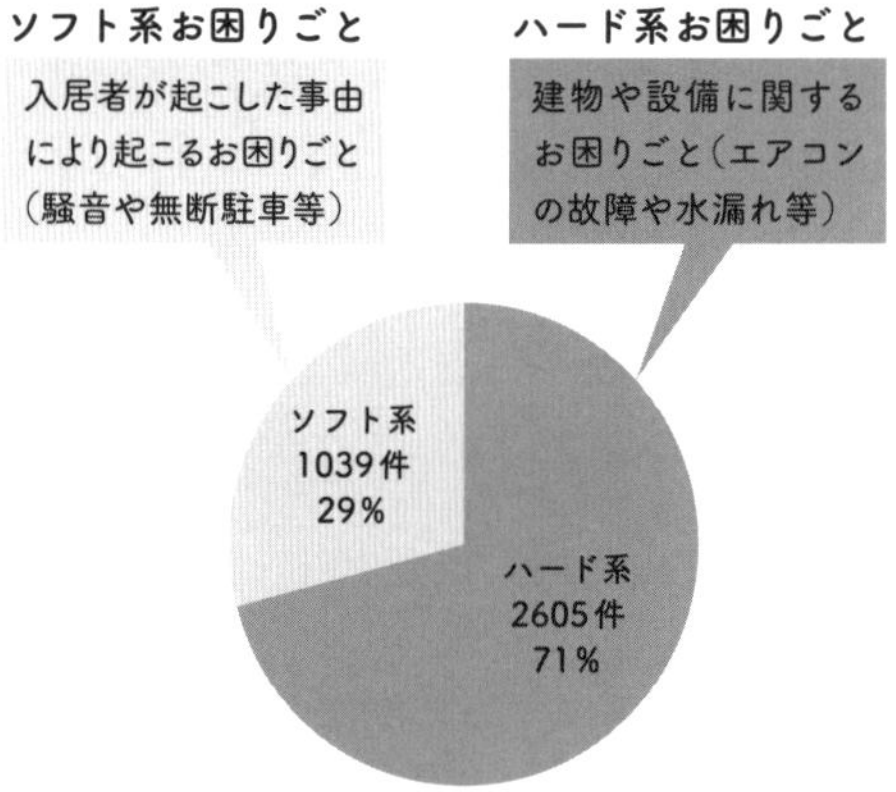
ソフト系お困りごと
入居者が起こした事由により起こるお困りごと（騒音や無断駐車等）
ハード系お困りごと
建物や設備に関するお困りごと（エアコンの故障や水漏れ等）
ソフト系 1039件 29%
ハード系 2605件 71%

です。総数は３６４４件で、そのサンプルを基に分析しています。次に解約理由の調査については、同期間のサンプル総数１６６８件を基に分析しています。

まず、「お困りごと（クレーム）」の数ですが、２０１８年度の管理戸数平均が、約８０００件あり、管理戸数における件数の単純割合は約46％になります。なお、単純割合は減少傾向にあります。

この３６４４件のうち、水漏れ、エアコン故障などのハード系の「お困りごと（クレーム）」は２６０５件、騒音や無断駐車などのソフト系は１０３９件と、割合は約7対３でした。建物設備等に関する「お困りごと（クレーム）」のウエイトが高くなっています。

■ハード系の「お困りごと（クレーム）」

ハード系の「お困りごと（クレーム）」のＴＯＰ3は、第1位、水漏れ、第2位、エアコン故障、第3位は共用灯の蛍光灯切れ、冬場の照明の点灯時間のずれとなっています。

第1位の水漏れは、階下にも及ぶことにもなり、被害が大きくなる場合もあります。また、階下漏水は、原因の特定に時間を要することもあり、賃貸住宅経営における運営面でのリスクの一つに挙げられます。緊急性があり、３６５日、24時間体制での対応が求めら

図3-13　ハード系「お困りごと」内訳 比率

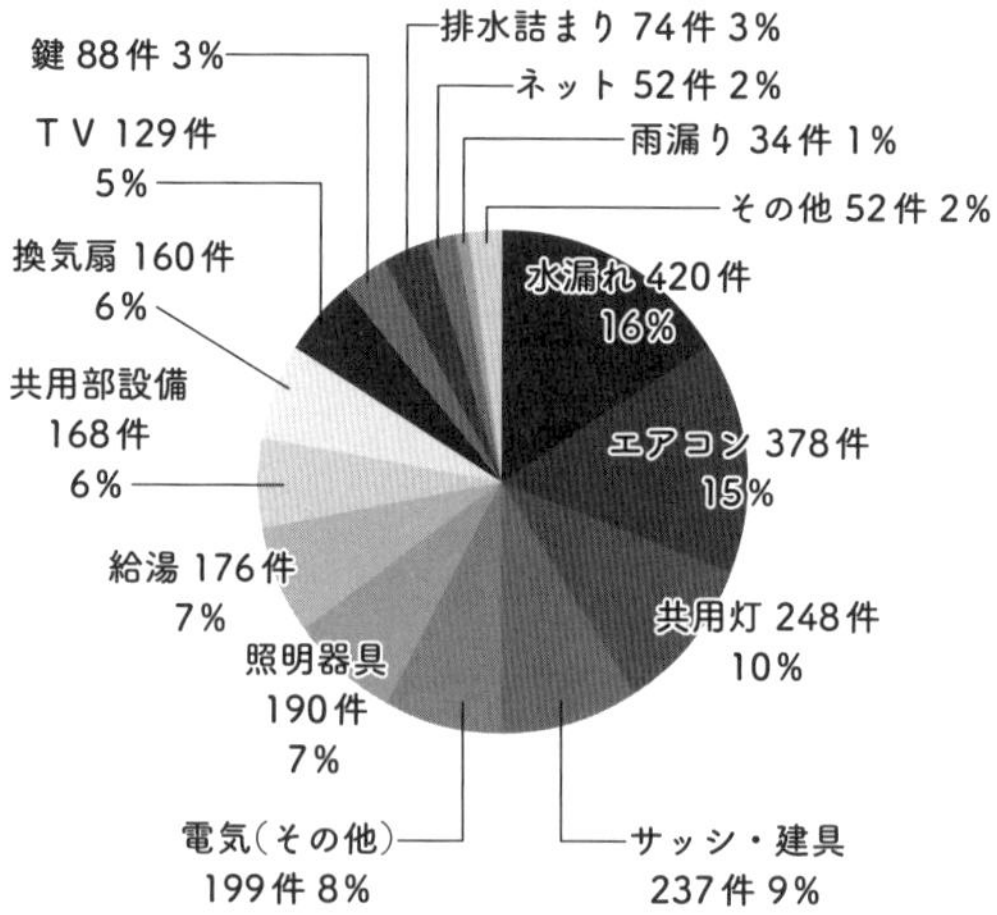

れています。

第2位のエアコンも入居者の不満足を招く重大な要因の一つです。猛暑に伴いエアコンの需要は一気に拡大します。この猛暑下でのエアコン故障は致命傷になりかねません。エアコンの在庫不足、故障・修理・取り換えを行う職人や技師の不足に伴い、修理完了までの時間が長期化すれば、貸主への不信が大きくなります。猛暑を予測し、エアコンの在庫の準備、確保などの対策が必要となります。また、設置年を把握することも大切です。耐用年数は約10年といわれています。10年を目安に、故障前に交換するなどの対策も有効です。エアコンの性能は、加速度的に良くなってきており、省エネ型エアコンも投入されてきています。消費電力も少なく、ランニングコストの減少は、入居者満足に直結します。

第3位の共用部の共用灯（蛍光灯）の玉切れも、入居者の不満につながります。暗闇の中での出入りに、不便さとストレスを感じるのでしょう。また、近年は防犯上の問題にもつながります。自動消灯も季節によって消灯のタイマーの設定を変える必要があります。また、非常用照明の玉切れは消防法違反となります。万が一の火災に際して重大事件につながらないよう法に則り、点検を怠ってはいけません。コンプライアンス順守の徹底が求められます。

設備の「お困りごと（クレーム）」に、スピードをもって対応すること、予防策を事前に講じることが大きなポイントになります。

■ソフト系の「お困りごと（クレーム）」

ソフト系の「お困りごと（クレーム）」のTOP3は、第1位に騒音、第2位は無断駐車、第3位はゴミ問題です。この3つで約8割を占め、三大お困りごと（クレーム）となっています。

第1位の騒音は最近では、コロナ禍においてステイホームにより在宅時間が増えたこともあり、急増しています。騒音として周りのお部屋からの音が気になる度合いは、個人差

図3-14　ソフト系「お困りごと」内訳 比率

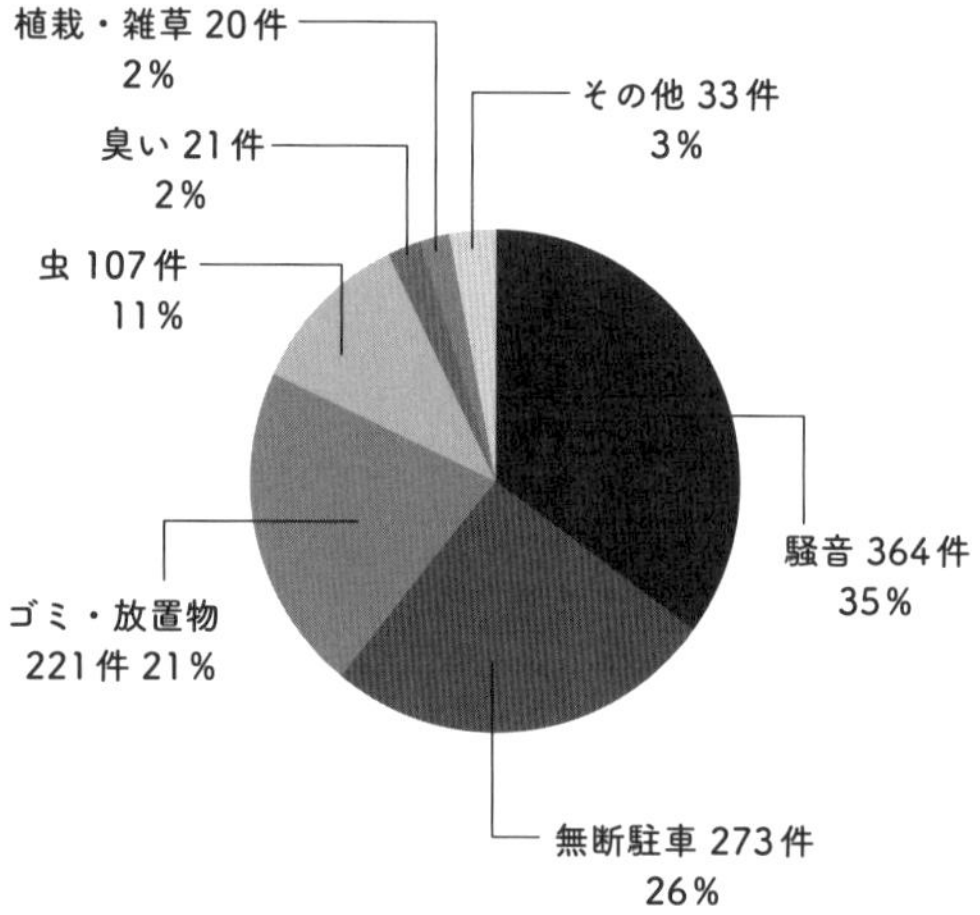

が大きいため、問題解決を複雑にしています。音が気になる時間帯に部屋に訪問し、騒音測定器で測定し、客観的な騒音データに基づき対応する場合もあります。個人差という問題に関しては、例えば、コロナ禍におけるイライラ等のストレスの状況によっても感じ方が変わるでしょう。ケースによっては、耳鳴り、幻聴に伴う訴えもあります。隣近所のトラブルに発展する場合や、退去につながる前に、互いに共同生活を営むうえでの道徳的な生活への協力が不可欠になっていきます。もっと言えば、この騒音が賃貸住宅における生活の一番の問題点となることから、賃貸住宅の企画、計画段階で、構造を鉄筋コンクリート造など

の遮音性の高い構造にすることで抜本的な予防対策になります。

第2位の無断駐車は賃貸住宅の区画内で契約した区画に他人の自動車が不法に止められている状況などが挙げられます。この困りごと（クレーム）の入電を見て、すぐ現場へ急行しています。緊急には、建物内のすべての部屋へ訪問し、不法駐車している当事者を捜し、警察への調査依頼、注意と再発防止の張り紙などの対応を行います。実際には入居者の友人など、外部の来訪者による場合が多く、予防策としては、来客用の駐車スペースを計画段階で確保しておくことです。この来客用スペースもコインパーキングなどにすることで、より安全な対策につながります。

第3位のゴミ問題、放置物問題は、永遠のテーマです。すべては入居者のモラルの問題になりますので、住人の意識改革に頼るところになります。近年はゴミ分別の種類も多くなり、複雑化しています。収集日もゴミの種類によって違います。入居者に外国人がいれば、文化の違いもあり、なかなか徹底できません。町内会の集積場を使う場合には、収集日の見張りを当番制で行うことも考える必要があります。対処方法として小まめな見回り、予防策としては、原理原則に則り、入居者への意識改革、防犯カメラ設置による抑止力などが考えられます。賃貸住宅専用のゴミ庫が、収集しやすいように道路に面しているケースでは、部外者による不法投棄も多発しています。ゴミの散乱、未回収は、入居者不満足の大きな要因になっています。

また、共用部廊下の清掃、天井・壁の蜘蛛《くも》の巣取り、敷地内の除草、側溝の泥上げなどの建物の美化活動、運営管理も重要です。清掃の頻度は、まさにケースバイケース、一定のルールがあるわけではありません。建物の清潔度が保てる頻度を見極めることが大切です。入居者の誰もが清潔できれいな賃貸住宅に住みたいはずです。この費用をケチってはいけません。

6 解約の理由

お客さまの声に耳を傾ける最後は、賃貸契約を解約され、退去時にその理由を聞くという作業です。一般的に、入居者は管理会社に退去の申し出をするので、実務的には、オーナー側は管理会社から退去するという案内を受けたときに、その理由を聞く必要があります。

解約の理由の第1位は別の場所にある家に戻ることになった（家族との同居）です。コロナ禍においては、特に大学の授業がオンラインになり、実家にいても十分に授業が受け

図3-15　解約理由　内訳 比率

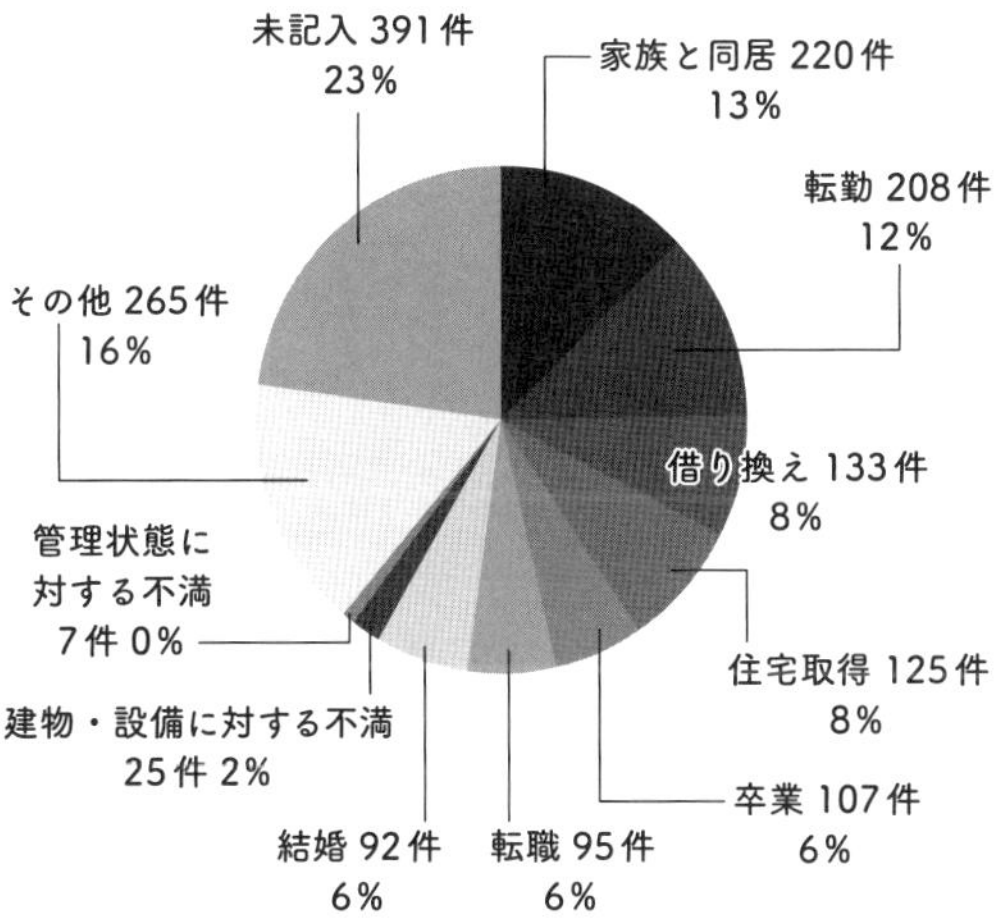

られるとあって、とりあえず、賃貸住宅の必要性がなくなり解約される例がみられます。家計の支出の中で住宅費の占める割合は大きく、家賃を節約したいと考える方が多いようです。

第2位は転勤です。法人契約の社宅の場合は、必ず転勤と解約はセットになります。家賃の未回収や夜逃げがなく、契約者として安心できる法人契約ですが、定期的な転勤があり、必然的に退去が待っているということになります。

第3位は借り換えです。この借り換えが、入居中の何らかの不満足に基づき発生する理由として考えられます（図3－15）。すなわち、人為的な退去理由なので、入居中

図3-16　管理会社の責任部分

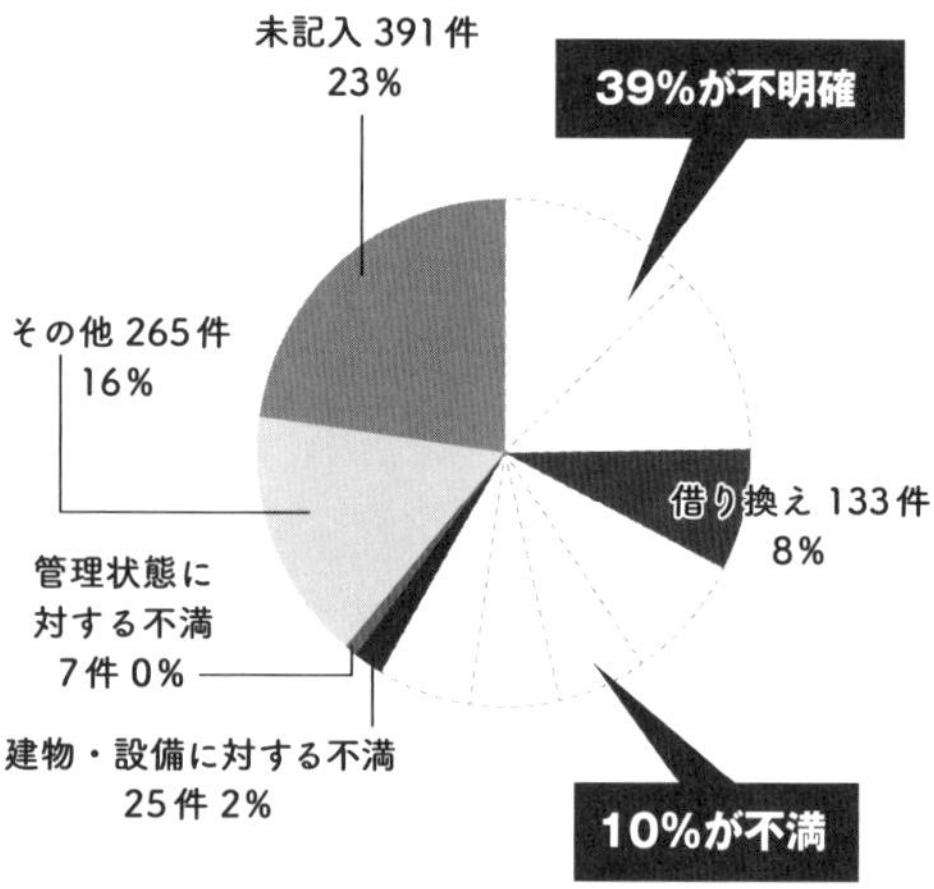

の不満を事前に発見し、解消できれば、引き続き入居し続けてもらえる可能性があるのです。入居者からの「お困りごと（クレーム）」や、退去理由を分析して、予防策を講じていきましょう。

その他、第5位は学生マンションにおける卒業となっています。対象が大学生の賃貸住宅においては、4年生の卒業見込みによる退去予定を早い段階で把握することが、次の客付け作業に重要になります。空室になる予定を早く把握できれば、早い段階での入居者募集が行えるからです。推薦入学での合格者など、早くから部屋を探されるお客さまに紹介ができます。

coffee break ③

究極の満室戦略「テナントリテンション」

創った新米プレゼントします！

「テナントリテンション」という言葉をご存じでしょうか？

直訳すると「長期入居」になります。稼働率を上げるために、いかに空室に客付けし、満室にするかを説明してきました。ここで、視点を変えてみます。高稼働率を維持する戦略として、そもそも空室を発生させない、退去させなければいいという考え方です。当社の解約率は、第1章で約20％であることを説明しました。この解約率を下げて、長期間入居し続けてもらう作戦を考えてみます。

オーナー兼業農家のYさんご夫婦、自己所有の賃貸マンションの入居者を自ら訪ね、田で採れた新米3kgを直接渡し、とても喜ばれています。大家としての愛情が伝わりますよね。また、リンゴ園農家と契約し、農園で実った、採れたてのリンゴも届けられます。ここまでされると、さすがの入居者も大満足、大家の笑顔が目に浮かぶようになればしめたもの、心地よさが長期の入居につながっています。

また、Yさんご夫婦はこの時期、お部屋探しのお客さまが自分の賃貸マンションへ入居を決めた際もその新米をプレゼントします。農家の人たちが耕作したお米やお野菜を届ける、『ALWAYS 三丁目の夕日』の世界ですよね。とても印象に残っている究極の満室戦略になっていると思います。

第4章

稼働率を上げる方法③

再投資で付加価値を高める

1 再投資の考え方

稼働率（入居率）の最大化を図るうえで、重要な考え方が「マーケティング思考」であり、お客さま視点がいかに大切かを解説してきました。競合する同一エリア内のライバルを徹底的に分析します。現在の直接的なライバルのみならず、さらには、将来のライバルの発生も予見して、大きな視野で市場（マーケット）全体の賃貸動向の調査、分析も行います。また、直接、お部屋探しをしているお客さまの声を聞き、ニーズも整理分析し、多くの方が求めている部屋が何かを把握します。

そして、次の手順が実際のお客さまが求めている、入りたい「部屋づくり」になります。この「部屋づくり」を行うには、再投資、資金の支出を伴います。また、家賃の再査定と組み合わせての運用となります。一般的に、投資家やオーナーは、お金の支出を嫌う傾向にあります。できれば、賃料の見直しや値下げで、一定の効果があれば、この家賃の見直しだけで済ませたいという気持ちも理解できます。一方で、家賃の値下げだけに偏った戦術には、次のような弊害が伴います。家賃の値下げは、賃貸住宅全体が入居者の質、つまり、低所得者層の入居者へと変化をもたらします。つまり客層が変わってしまうということです。収益が下がることで、その賃貸住宅の価値、不動産評価額が下落してしまうのです。一旦、値下げを行うと、値下げ傾向が染みつき、どこまでも下がっていきます。同一賃貸住宅内で、低い家賃が発生すると、他の入居者からの値下げ要求も起こり始めます。全体の収益性が一気に衰えてしまいます。「なんで、あの部屋だけ、こんなに家賃が低いのか！」など、入居者の不平・不満、不信感をつくり出すことも考えられます。もしかすると、あなたのアパートの値下げが、周辺の競合エリア内全体の値下げ競争を誘発し、エリア内全体の家賃相場を引き下げてしまう原因にもなりかねません。このように、家賃の値下げには大きな弊害もあるということです。あるいは、単純な家賃の値下げでは全く稼働率アップという効果が出ない場合もあります。つまり、お客さまがその部屋を選ばない理由が、家賃が原因ではない場合もあるからです。

このような場合には、賃貸住宅に再投資、すなわち付加価値を高めることで、稼働率をアップ、さらには、家賃もアップできるという魔法の戦術を使うことになります。お部屋探しのお客さまのニーズにあった部屋に生まれ変わらせるのです。この場合、再投資の規模は、再投資金額に対しての収益性、投資指標としては、「利回り」を目安にします。自

図4-1 「原状回復工事」「リフォーム工事」「リノベーション工事」比較

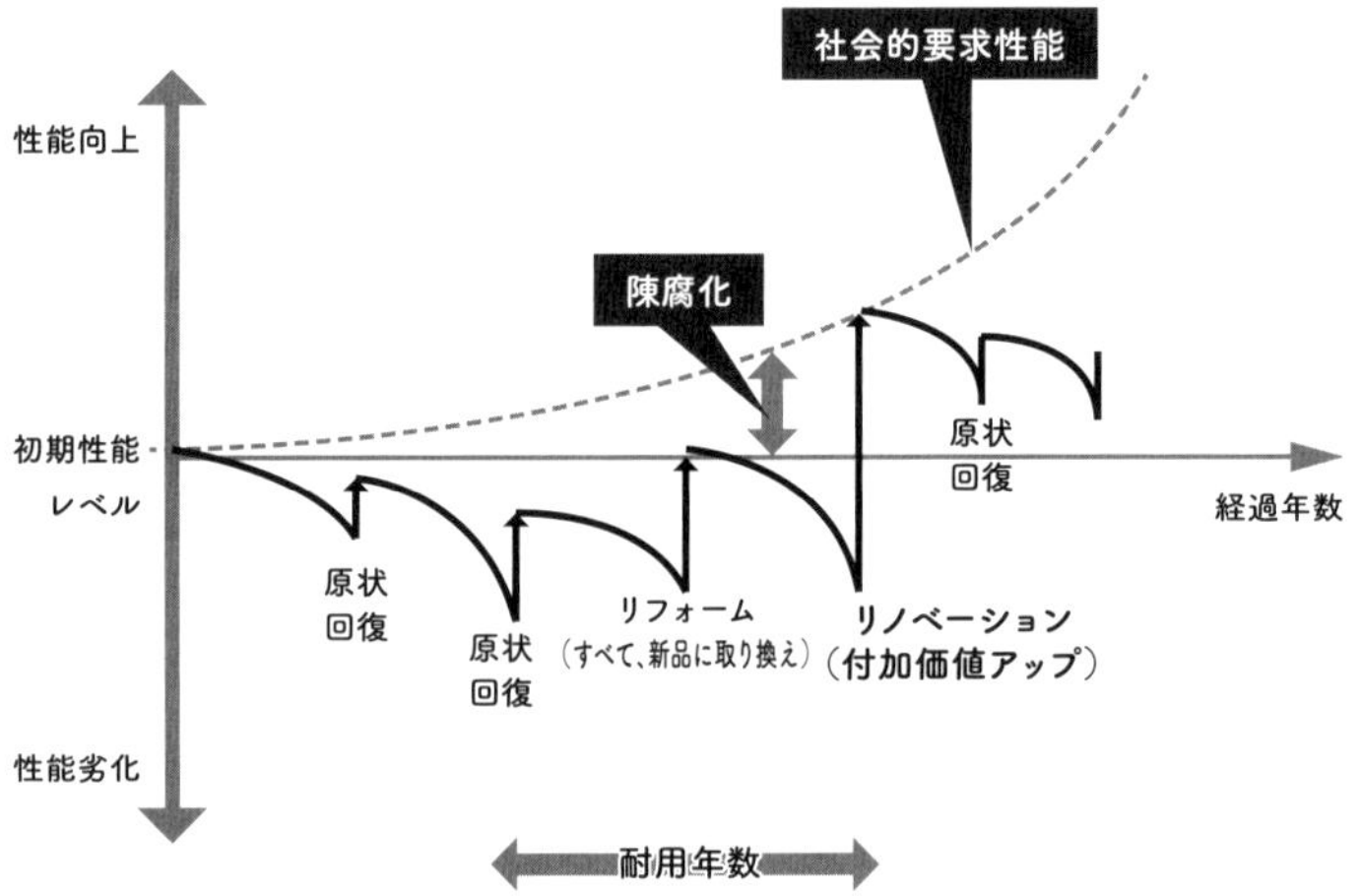

分が目標としている「利回り」の数字を達成するため、再投資の企画、計画をしましょう。

ところが、人気のある最新設備機器の導入と間取りを先取りして、自信をもって創り上げた部屋であっても、完成した瞬間から陳腐化という現実が待っています。なぜならばお客さまのニーズは進化し続け、期待するサービスの質は留まることはありません。すなわち、お客さまの社会的要求性能は、右肩上がりに上昇し続けるのです。したがって、部屋の品質、性能は時間の経過とともに、その時代が求める社会的要求レベルまで引き上げる必要がでてきます。

図4－1にその概念図を示しました。賃

貸住宅における工事の種類は3種類あり、必要に応じて使い分けます。この3つの工事に関して説明します。

①「原状回復工事」

退去時において発見された、入居者がつけたキズ、汚れ、破損の補修を行う工事です。明らかに目に見えるキズ等の補修工事のみを行います。この工事費の負担割合は、その部屋に住んでいた入居者の故意過失によってキズつけた部分は入居者に請求、通常使用、通常の生活でついてしまうキズに関しては、大家さん負担となります。補修工事であり、そのほかの部分についても手をつけないので、年数の経過とともに、いつのまにか古さを感じ始めます。

②「リフォーム工事」

新築当時のレベルまで全体を改修します（原状回復工事よりも工事の規模は大きくなります）。エアコンや給湯器、住宅関連設備機器も新品に交換します。トータルとしてよみがえりますので、部屋のイメージは一新します。ただし、建築当時の部屋を再現することに留まるので、現時点でお客さまが求める社会的要求性能レベルまでは高まらない仕様になり、効果は限定的になります。

③「リノベーション工事」

社会的要求性能まで一気に高めます。人気を先取りしたＩｏＴ機器も採用、最新の住宅設備を導入、間取り変更まで大胆に行います。商品価値が高まり、入居者ニーズをとらえることにより、喜んで入居者から選んでもらえます。リノベーション費用は高額となるため、投資判断は綿密な投資分析を行い、効果性を観たうえで意思決定します。地方都市の郊外エリアや、極端な築古物件、中途半端な工事内容によっては、リノベーション工事金額に見合った賃料のアップが期待できない事案もありますので、注意が必要です。「工事ありき」にならないようにしたいものです。

「原状回復工事」「リフォーム工事」「リノベーション工事」はシミュレーションにより使い分け、タイミングもみて、どの工事を行うか判断します。一般的には、「リノベーション工事」を選択する事案は、その工事によって、家賃アップの幅が大きくなり、その家賃が一定期間維持される場合です。

2 再投資、リノベーション工事の効果測定、投資分析

繰り返しになりますが、再投資、リノベーションを行うかどうかは、投資分析で判断します。ここでは、直接投資による費用対効果、再投資利回りを指標にします。

再投資利回りは、再投資・リノベーション前と再投資・リノベーション後の年間の家賃の実質（ネット）増加額を、総投資額で割り算して出します（図4－2）。このときの再投資前の賃料は、現在の募集家賃ではなく、現状の再査定家賃を用います。

ここで問題です。

図4-2 「リノベーション」提案の利回りの計算

（年間収入の増加分）

（「リノベ」後の予想賃料 － 現状のままでのネット収入賃料※①）× 12カ月

――――――――――――――――

総事業費（「リノベ」建築費）

※①現在の募集賃料ではなく、現状のままの再査定家賃（純収入）のこと

問題 ①

①築年数 25 年の物件で現在 6 万円で募集している 3 戸の部屋が 1 年以上決まらない。

②実際に決めようと思ったら、5 万円がやっとのこと。

③抜本的に「リノベーション」をしたら 7 万円で貸せるとのこと。

④リニューアルコストは 1 部屋 240 万だという。

図4-3 「リノベーション」投資の利回りは「増額賃料」で計算

「リノベーション」提案の利回り計算

（※②収入差が 2 万円）

$$\frac{(7\text{万円}-5\text{万円})\times 3\text{戸}\times 12\text{カ月}}{720\text{万円}\ [240\text{万}\times 3\text{戸分}]} = \underline{10\%}$$

はたしてこの再投資は妥当なのか？

築年数25年のアパートの部屋３戸が１年以上も入居者が決まりません。現在の募集家賃は６万円です。このアパートを１室当たり２４０万円かけてリノベーション工事を行えば、７万円で決まると予想できます。この事業の再投資利回りを計算するとしてみてください。なお、現状での再査定、引き直し賃料は５万円であると賃貸仲介（リーシング）の営業マンが言っています。

実際に図４－２の数式に数値を代入したものが図４－３になります。この場合、直接再投資利回りが10％になりました。この利回りであれば、投資効果があるといっていいでしょう。なお、借り入れで資金を調達してもキャッシュフローが見込めます。この実践例については、図４－４、図４－５で説明していきます。

3 家賃の値下げと再投資のどちらを選択するか？

現在、５万円で募集している空室物件についての問題です。この部屋は５０００円値下げして、4万5000円であれば決まりそうです。あなたなら、5000円値下げしますかという問いです（図4－4）。この場合、考えたいことが再投資との比較です。再投資を行って5万円で決まる場合は、どちらを選択するかを比較検討します。

それでは、差額賃料5000円に相当する工事費を算出してみます。この計算では、借り入れ返済元利合計が5000円になる借入額を求めます。借り入れ条件は、仮に金利1・8％、借入れ期間は10年とします。金融電卓を用いて計算すると、5000円の返済額相当で借り入れできる金額を逆算すると55万円になります（図4－5）。

さて、この55万円があれば、どの程度部屋の工事ができるでしょうか？

壁のクロス全面貼り替え、床は最新のフロアータイルを貼ることができます。ユニットバスの交換、あるいはキッチンセットの交換もできるでしょう。建物外部にはなりますが、セキュリティ対策として防犯カメラの設置も可能です。55万円を借り入れ、そのお金で工事し、付加価値を上げます。家賃を5000円下げずに、現在の募集家賃5万円でお部屋が決まります。

さて、あなたは、どちらを選択されますか？

問題②

図4-4　家賃を下げずにリニューアル工事をする案①

「あなたは、家賃を下げますか？
それともリニューアル（工事）しますか？」

〈提案1〉家賃を5,000円下げる…

市場家賃が下がったから

50,000円　⇒　45,000円で募集（－5,000円）

↓

50,000円でなんとか決めて
－5,000円【借り入れの返済額】← 再投資

45,000円　CF

……キャッシュフロー（手取り）は45,000円で同じ。

図4-5　家賃を下げずにリニューアル工事をする案②

「あなたは、家賃を下げますか？
それともリニューアル（工事）しますか？」

〈提案2〉家賃を50,000円で決まる部屋にする！

5,000円を、借り入れの返済へあてるとすると…

月々返済5,000円
金利1.8%　期間10年 なら

↓

550,000円が借りられる！→ 再投資額

※設備、家具、備品であれば、銀行借入ではなく、リース契約でも可能。

4 事例研究「キャルグレイス　302」

実際の成功事例を紹介します。ここ数年、空室が発生するたびに、毎回なかなか決まらなかった物件名「キャルグレイス　302」です。この空室部屋は、間取りに問題があるようで、それが証拠に家賃の値下げだけではなかなか入居者が決まりませんでした。問題となっていたのは調理台の向きと収納スペースの少なさでした。まずは料理をしながら遊ぶ子どもの様子などが目に入り、居間全体に目が行き届くように、調理台の向きを変えました。収納については、もともとあった押し入れは相対的に容量が足りなかったことから、洋式タンスの要素を組み込み、広いクローゼットに替え、拡張しました。これら一連の工事費は税込みで250万円でした。

このケースにおける事業資金計画は図4－8のとおりです。自己資金は出さず、全額日本政策金融公庫に融資をお願いしました。金利は完全固定の1・7%、期間は4年間です。借上げの保証期間と同じ短期で返します。この条件での毎月の返済金額は、5万3835円になります。

次に収支計画に関してです（図4－9）。リノベーション後の再査定賃料は7万2000

図4-6 「キャルグレイス302」リノリース事業

図4-7 キッチン&サンルーム&収納

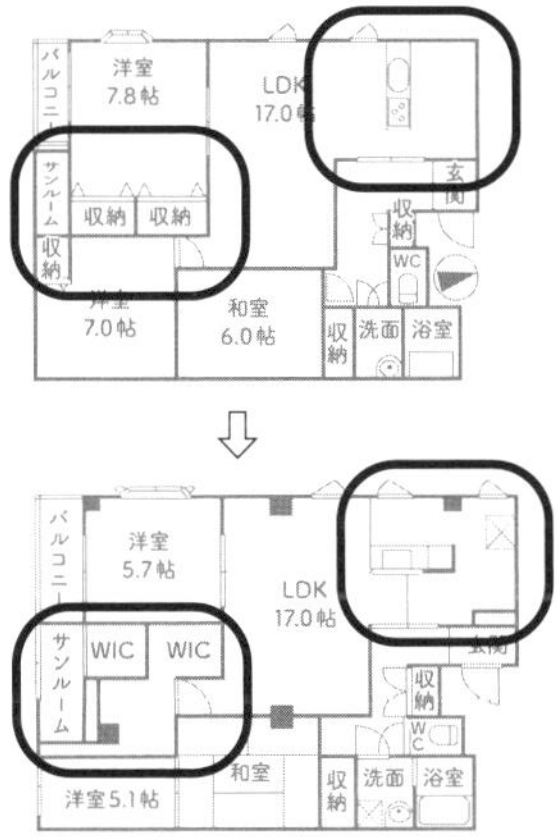

円になります。弊社借上げ賃料は、90％の6万4800円、借上げ期間は融資の借入れ期間に合わせ、4年間に設定しました。借上げ期間のスタートは、募集期間を考慮に入れ、工事完了後3カ月間が免責期間になっています。融資の返済も融資実行後、3カ月間は元金の返済を猶予、金利のみを返済するということがちょっとしたポイントになります。毎月の元利合計返済額が5万3835円なので、当初4年間のキャッシュフロー収入は、借上げ賃料から返済額を差し引いた1万965円（64800円－53835円）となり、5年以降は返済が終了しているので、7万2000円が丸々手元に残ることになります。

図4-8　事業資金計画

1. リノベーション工事費および家具設置費（税込）：
   ￥2,500,000
2. 自己資金　：　ゼロ
3. 日本政策金融公庫借り入れ　：
   期間４年、金利1.7％固定、借入金額250万円

➡ **毎月返済額：￥53,835**

図4-9　収支計画

1. 再査定月額賃料：￥72,000 ー（家賃＋共益費）
2. 借上月額賃料（90％）：￥64,800
3. 借上期間（融資返済期間）：４年間（募集免責期間３ヵ月）
4. 月額収支差額：￥10,965 ー（4年間）
   ￥72,000 ー（5年目～）

図4-10　再投資利回りは？

1. 総投資額：￥2,500,000
2. リノベーション前（Before）
   １室当たりのネット収入（純収益）
   62,000円 × 79％＝48,980円
3. リノベーション後（After）
   １室当たり収入　借り上げ賃料　64,800円
4. 再投資利回り

$$\frac{(\overbrace{64{,}800円}^{After}-\overbrace{48{,}980円}^{Before})\times 12ヵ月}{2{,}500{,}000円}=7.6\%$$

さて、この実例での再投資の利回りを計算してみましょう（図4－10）。

現状の家賃の純収入（ネット収入）は、現在の募集家賃6万2000円の場合のマンション全体の現状の空室率15％と管理料6％の合計21％を差し引いた分、すなわち4万8980円（6万2000円×79％）になります。借上げ賃料が、6万4800円なので、月額の差額は1万5820円です。年間の差額18万9840円（1万5820円×12カ月）を総投資額の250万円で割ります。その計算の答え7・6％が再投資利回りとなります。地方都市においては、賃料には上限があり、再投資における収入の増加額が本当に見込めるのか、十分考慮する必要があります。

5 リノベーション工事費の沸点

再投資、リノベーション工事を行ううえで、気を付けなければならないことがあります。工事予算を気にするあまり、工事内容をケチりすぎると結果が出ません。図4－11はイメージ図です。最初に予算ありきでいくと、リノベーション工事の内容が中途半端になり、お金をかけたのに入居者が決まらないというケースが発生します。例えば、水回りにもう少し手をかけ、

図4-11 「リノベーション」には、『沸点』がある！

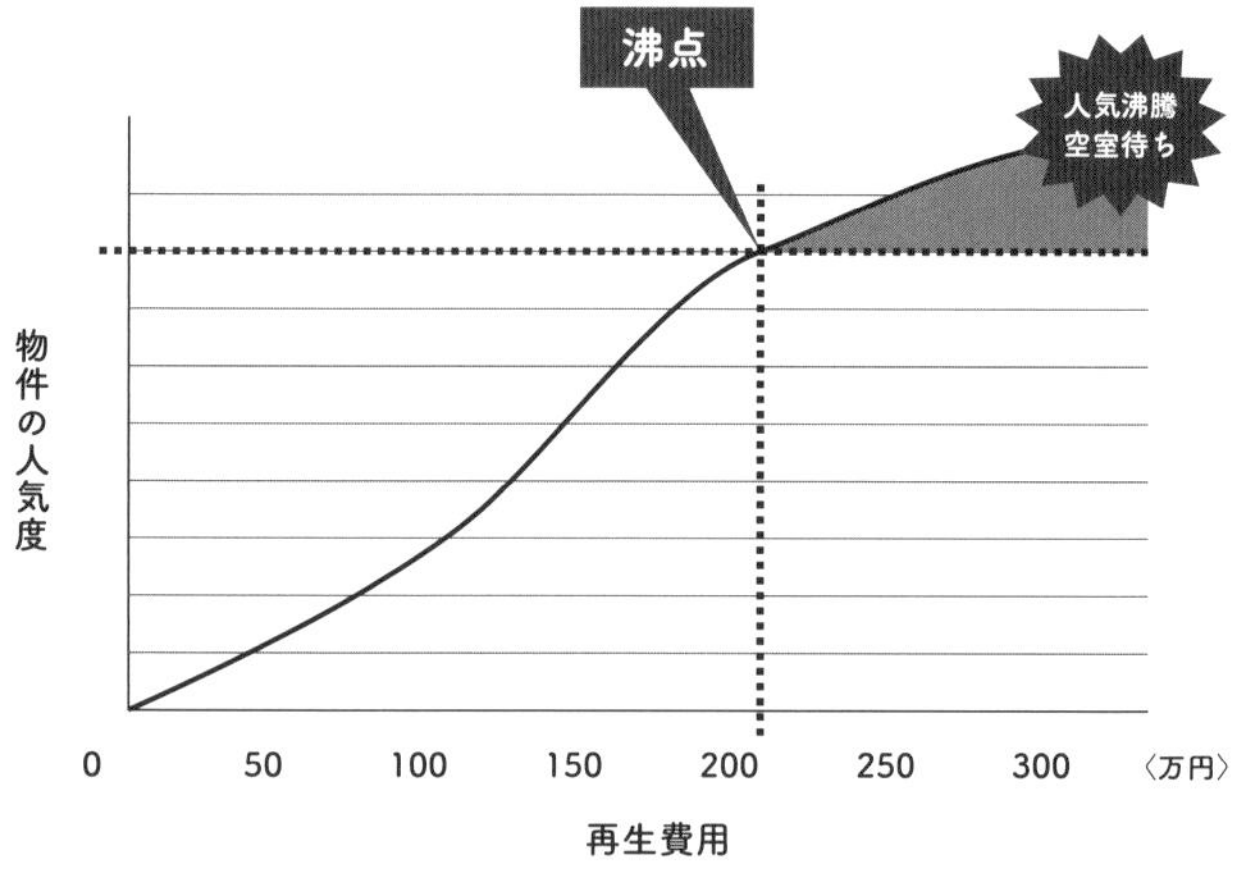

流し台をシステムキッチンにまでグレードを上げておけば、入居者が決まる物件になっていた可能性があるのです。入居者が決まる部屋にするために、かけなければならない「お金」と工事内容との間に、「沸点」という概念が存在します。すなわち、「沸点」未満の工事内容では、入居者は決まらず、「沸点」を超えた瞬間に、いとも簡単に部屋が決まるのです。第1章において募集家賃には入居者が決まり始める「臨界家賃」があることを説明しました。この臨界家賃は家賃の「沸点」と言い換えることができます。もうひと手間、もうひと押し、「ここの設備のもう一カ所、新しくしておこう」の小さな一歩が、入居者が決まる成否の分かれ目になるのです。

6 収益は面積で考える

図4-12 「リノベ後」と「現状維持」との収入差を面積で計算する

➡現状を放置すると、賃料の下げの速度が加速する！

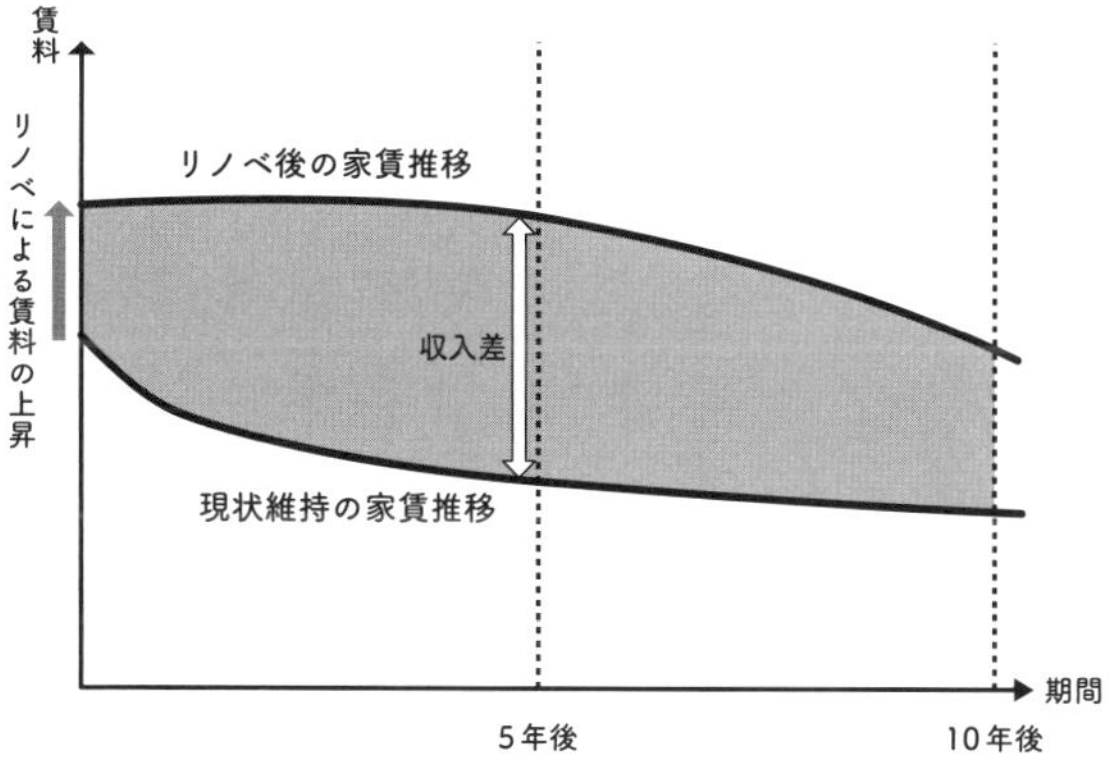

再投資、リノベーション工事を行うことで、工事後の家賃はアップします。家賃は年数の経過とともに、一般的には徐々に下がっていきます。再投資・リノベーションを行う場合と、行わない場合とで比較すると、した方が家賃の下落の率はゆるやかになります。したがって今現在の家賃差の損得だけを考えるのではなく、5年間、10年間という期間内の収益差の総額で考える必要があります（図4－12）。すなわち、面積という面で考えなければなりません。

この面積という考え方は数値で表すことができます。さらに、不動産投資の最終収益を家賃等の毎月の収入（インカムゲイン）の総和だけではなく、数年保有したあとの売却によって得られる利益（キャピタルゲイン）をプラスして確定させます。

7 内部収益率ＩＲＲ（Internal Rate of Return）

不動産投資収益 ＝ ①家賃収入 ＋ ②売却益（売却損）

①家賃収入：インカムゲイン／インカムロス

②売却益（売却損）：キャピタルゲイン／キャピタルロス

この収益不動産の保有期間における毎年の家賃収入合計と、売却時の利益の和を「内部収益率：ＩＲＲ（Internal Rate of Return）」といいます。この概念図が図４－13の左側の図です。参考までに右の図は収益不動産を取得した場合、初めの年の収益から計算する「表面利回り」の概念図です。この単年度のみで収益を判断する指標と複数年の収益予測、さらには売却時の収益用不動産の価格も予測して計算する方法が世界標準であり、ファ

図4-13　IRR（内部収益率）の運用比較概念図

IRR（Internal Rate of Return）：内部収益率

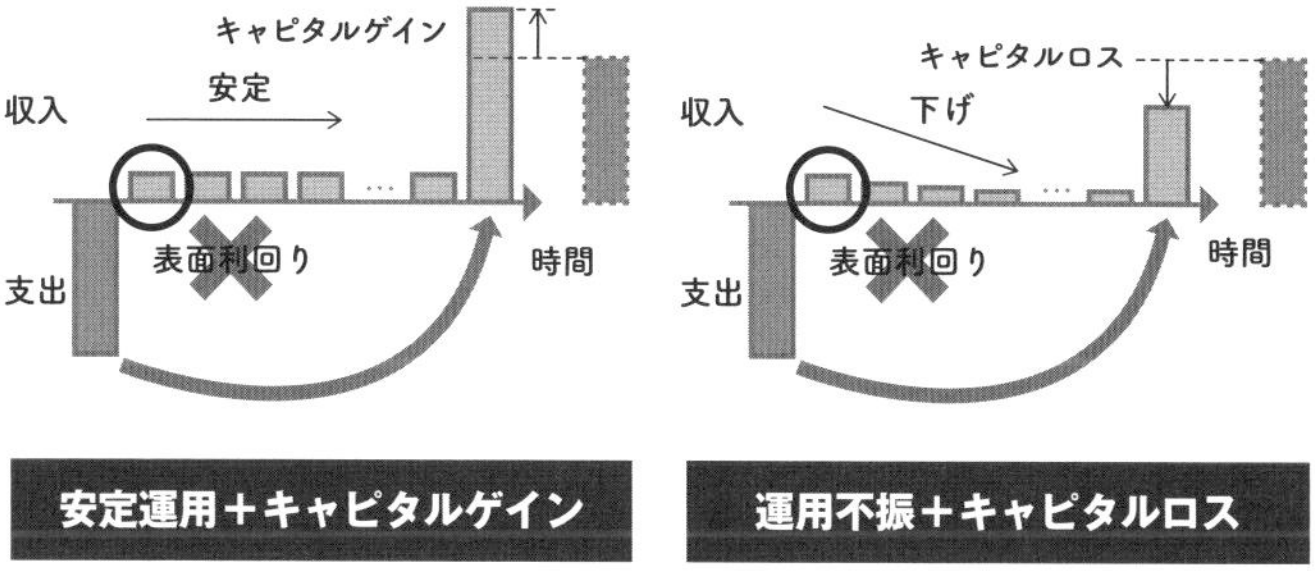

表面利回りだけでは不動産投資の失敗を予測することはできない！

ンドが実際に用いている投資判断の指標になっています。「リーファ」というソフトを活用することにより、「内部収益率：ＩＲＲ」を計算し、提示しています。ここでは「内部収益率：ＩＲＲ」という指標に触れましたが、プロの投資家が扱う指標になるので、この程度の説明とします。

8 再投資、リノベーション工事は売却時の価格を上げる効果がある

不動産の価値はその不動産から生み出される収益で決まります。収益から不動産価値を導き出す計算方法が「収益還元法」です。つまり再投資、リノベーション工事を行うことによって、年間の家賃収入がアップすると、その収益不動産の価値、すなわち評価額がアップするのです。この計算式はＶ＝Ｉ／Ｒ（図4－14）です。ここで、Ｖは評価額（不動産価格）、Ｉは年間収入額、Ｒは期待利回り（Ｃａｐ Ｒａｔｅ）となっています。期待利回り（Ｃａｐ Ｒａｔｅ）は別名還元率ともいい、その収益用不動産が存在する市場（マーケット）で流通している利回りで取引事例から導き出します。還元率ともいわれる理由は、その収益用不動産から生み出される収益から、市場の期待利回りで割り戻すことによって、評価額（不動産価格）を導き出す指標だからです。あるいは、この期待利回り（Ｃａｐ Ｒａｔｅ）は、投資家自らが、自分の投資基準として持ち合わせている場合もあり、自らの基準で収益から不動産価格を算出します。

Ｖ＝Ｉ／Ｒの式において、ＩとＶは比例関係にあります。すなわち、収益を意味するＩ

図4-14　収益還元法

$$V = \frac{I}{R}$$

※直接還元法

① V ： 評価額（不動産価格）
② I ： 年間収入額
③ R ： 資本化率（Capitalization rate）
⇒ 期待利回り（Cap Rate）

が倍になれば、不動産評価額Vも倍になるということです。繰り返しになりますが、収益性が高まれば、不動産の評価額も高まるという根拠は、この数式によるものです。

coffee break ④
ストリートアート

街にお住まいの方々に豊かさを提供したい、賃貸マンションの外壁に描かれた絵の前を通る方に楽しんでいただきたい、そんな思いがストリートアートを誕生させたのです。作者は、富山県で活躍するデザイナーの「由宇（ゆう）」さんです。建物から湧き上がるイメージから自由に描写したもの。そして、この作品のコンセプトとなる文章をプレートに記入し、解説文として掲示しています。通行する方が思わず足を止め、眺めている姿を見て嬉しい気持ちになります。こんな遊び心があってもいいのではないかと思います。

併せて、共用の玄関入り口ホールに、絵画を飾ってみました。

題：CHOCOLATE FACTORY（チョコレート工場）

題：COEXISTENCE and HARMONY
（共存と調和）

第5章

事例から見る「ミッキー流　満室経営」

1 ここまでやれば、空室が埋まる！

市場（マーケット）調査を徹底的に行い、お客さまに家賃を決めていただく、具体的な手法を3例紹介します。この手法はなかなか稼働率が上がらず、空室に困っているアパート、賃貸マンションの収益改善に効果を上げた実践例です。「ここまでやれば、空室が決まる！」の秘策を公開します。

1つ目は、「マトリックス分析」という手法でミッキーが命名しました。市場（マーケット）に存在する部屋の特徴を、間取りとグレードの二面から分析し、入居率の高い間取りとグレードのパターンを発見し、真似《まね》るという手法です。

2つ目は、入居者が決まる賃料を見つけ出すための手法で、いわゆる「臨界家賃発見法」です。たくさん空いている部屋に、階段式に家賃を設定し、仮説を立てて検証を繰り返しながら、「臨界家賃」を見つけ出します。

3つ目は、「ターゲット顧客設定法」です。部屋を借りるお客さまを具体的に設定します。お客さまの性格までイメージするとさらにいいでしょう。お客さまが明確になればなるほど、部屋づくりが明確になります。
この3つの手法に関しては、次に詳しく解説します。

2 マトリックス分析～「エスポワールB&B」

富山県高岡市の駅南地区に1988（昭和63）年に新築された「エスポワールB&B」という賃貸マンションがあります。5年前には北陸新幹線が開業、駅南地区には新たに新高岡駅ができました。今も人気のエリアになっています。

徒歩5分圏内には郊外型ショッピングセンターの「イオン」があり、とても活気のあるエリアでありながら、当時全21戸中6戸のみ入居、15戸が空室、つまり入居率29%と、まったく放置されていたのです。明らかに異常な状態です。27㎡のワンルームマンションで、地方都市高岡市においては、ワンルームとすれば平均的な床面積です。ワンフロア17戸の鉄骨造4階建て、エレベーターはありません。部屋の賃料も月々3万2500円と当時の相場でした。

当時所有のオーナーの方針に問題があり、手を加えれば満室になる確信がありました。

図5-1　エスポワールB＆Bの立地

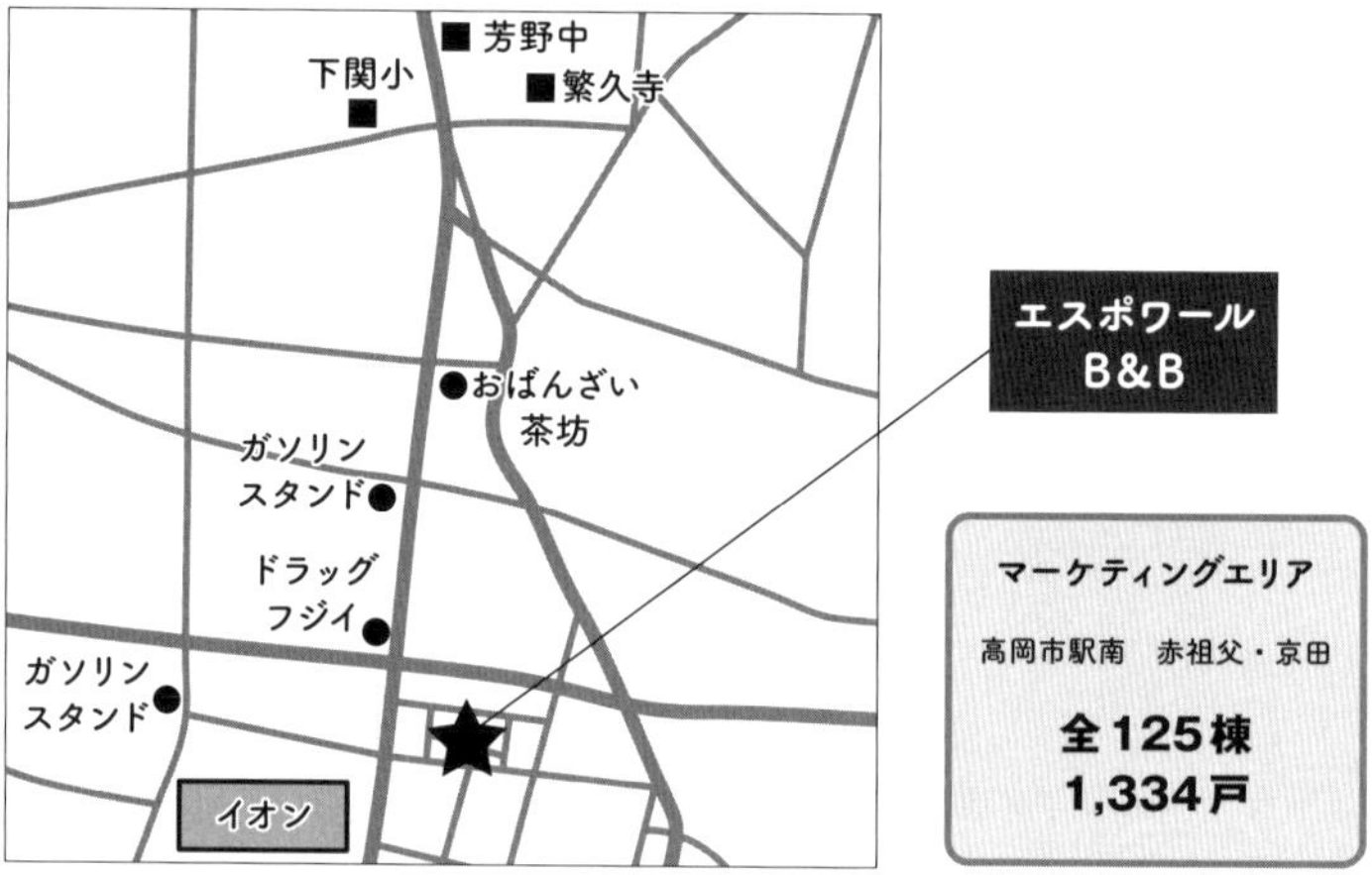

そこで、最初に取り組んだのが、競合のライバルを調査・分析するマーケティングです。そこで図5－1のエリアに存在するすべての賃貸アパート・賃貸マンションの現状を調べ上げました。対象となった物件総数は125棟、1334戸です。

図5－2では、物件ごとに築年数、構造、間取りタイプ、単身者（シングル＝S）、ファミリー＝F、空室率を一覧表にしています。この一覧表を集計、賃料ごとのエリア内の戸数と空室率をグラフにしたのが図5－3です。今回、改善に取り組む「エスポワールB＆B」は3万5001～4万円の賃料帯に位置し、その価格帯の戸数は97戸、空室率が31・96％と最も高いことが「見える化」され

図5-2　競合物件の現状調査

No													
1	プリムローズ	高岡市東上関506	下関小	2002	0~5	15	木造	AP	1LDK	S	6		6
2	エピテール	高岡市東上関732	下関小	2002	0~5	15	木造	AP	2LDK	F		4	4
3	AKビレッジ	高岡市東上関727	下関小	1997	6~10	15	木造	AP	1R	S	8		8
4	サンセジュール京田B	高岡市京田.59	下関小	1993	11~15	15	重鉄	AP	2DK	F		8	8
5	サンセジュール京田A	高岡市京田.59	下関小	1993	11~15	15	重鉄	AP	4DK	F		4	4
6	レジデンス司	高岡市京田400	下関小	1987	16~20		RC	MS	3LDK	F		14	14
7	セジュール南	高岡市京田527	下関小	1989	16~20		S	AP	2DK	F		6	6
8	セジュール南Ⅱ	高岡市京田544-1	下関小	1990	16~20		S	AP	2DK	F		8	8
9	セジュール幸A, B		下関小	1997	6~10	15						12	12
11	オーベルジュ京田		下関小	2001	0~5	15					21		21
12	サントピア大野		下関小	2002	0~5	15					9		9
13	ベルオーク大野		下関小	2003	0~5	15						10	10
14	ニンフォート96		下関小	1996	6~10	15					6		6
15	クレアロードⅠ		下関小	2005	0~5	15						5	5
16	シエル・エトワール		下関小	1997	6~10	15					7		7

たのです。空室率の高さにはもちろん、「エスポワールB&B」も大きく影響を与えています。

　ここでミッキー流究極の満室戦略実践例として「マトリックス分析」が登場します。概念図（図5－4）を見ると、横軸（X軸）は物件のランク（グレード）です。縦軸（Y軸）は、間取りタイプです。この2つの項目に分類して、縦横のマスをつくり、2つの視点で評価分析します。空室率の低いマスをグレーに、空室率が高いマスを黒色に塗っていくと一目で空室と間取り・グレードの関係が分かります。

　すなわち、この概念図によると、間取り1R・1Kでは、BランクとDランクで空室

図5-3　調査対象エリアの家賃分布と空室率

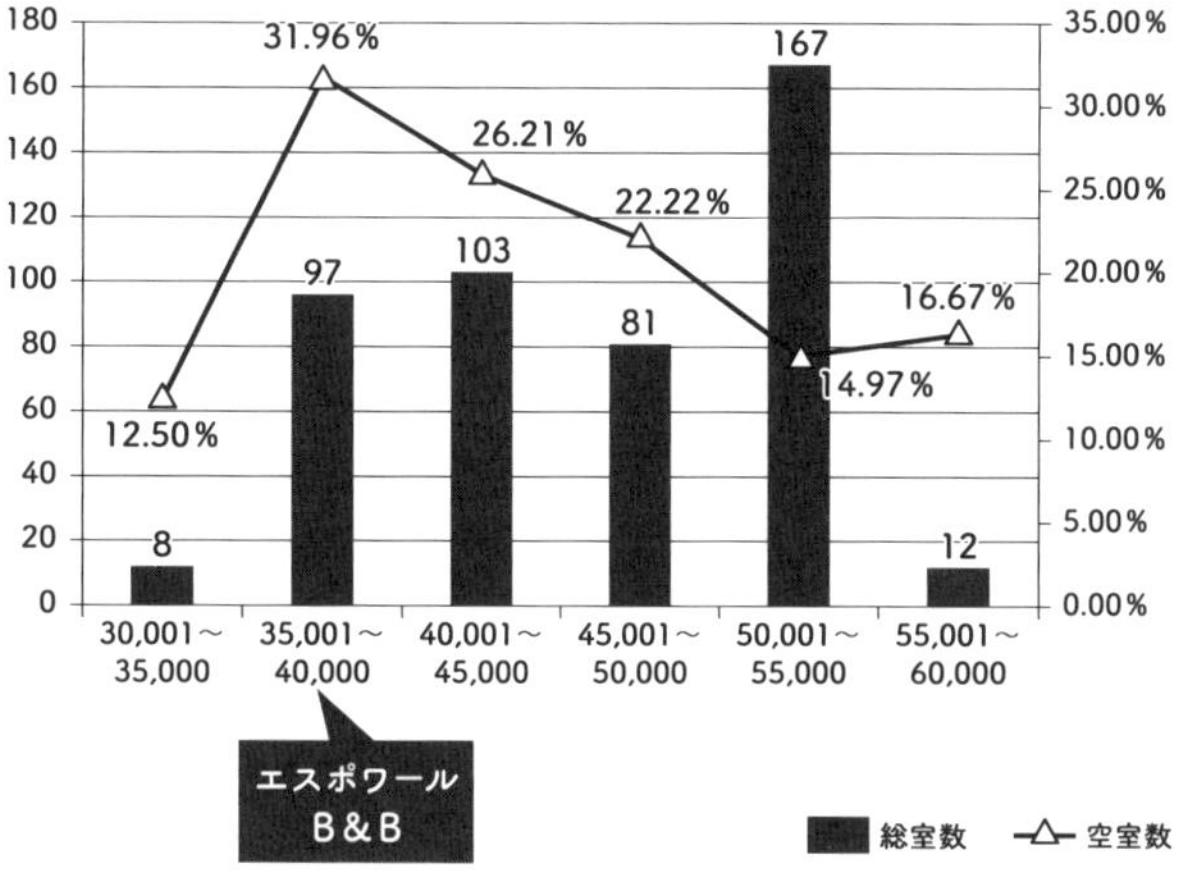

率が低く、Cランクで空室率が高くなっています。また、1LDKはどのグレードも空室率が低いです。したがって、①の領域に存在する空室を満室にする対策は、三つあることが明らかになりました。一つ目の方法は、リノベーションを行い、バリューアップ（価値を高める）し、CランクをBランクの領域にもっていく方法。二つ目は、ランクの判定に問題があったとして、家賃を値下げしてDランクの家賃にする方法。三つ目は、かなり大がかりな工事になりますが、2戸を一所帯用に合体させて、1LDKの部屋に大改築するという方法です。これは実在するライバルマンションの実態を把握し、現況を分析、論理的、統計学的に導き出しました。三つのうち、

図5-4　間取りとグレードのマトリックスモデル

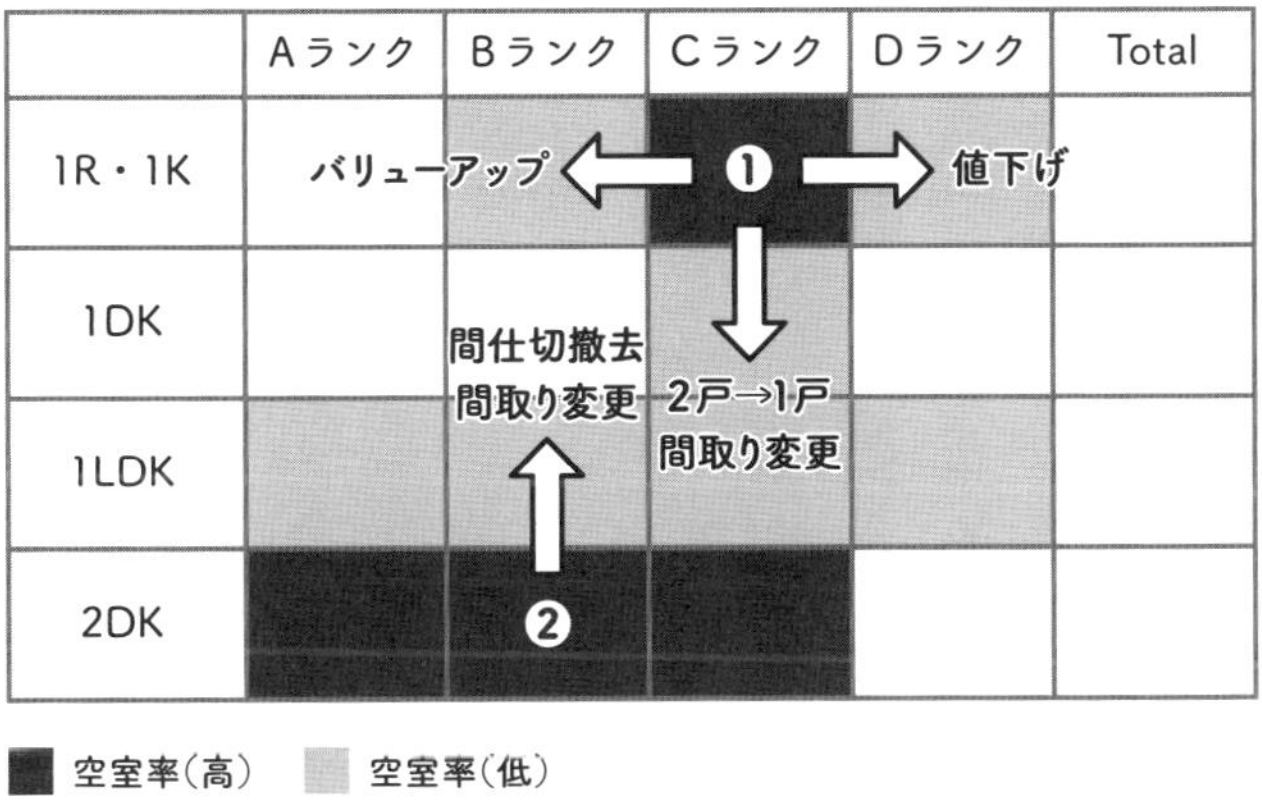

※現地調査結果による空室率と間取り・グレードの関係から対策を考える

どの選択肢が効果的かは、資金調達力、投資分析による資金効率をシミュレーションして、最終的に決定することになります。

　次に②の領域にある部屋はどのように考えればいいのでしょうか。マスがすべて黒色であることから、そもそも2DKという間取りの部屋が入居者のニーズに合っていないということが、読み取れます。この場合は、ランクが入居者ニーズに影響しません。そもそも2DKの間取りが入居者に支持されていないため、間取りの変更しか選択肢がないことを表しています。2室ある部屋の1室を台所（K）と食堂（D）を一体にして、LDKにすることになります。2DKの間取りが1LDKに生まれ変わることにより、入居が

図5-5　調査対象エリア内の数値結果

	Aランク	Bランク	Cランク	Dランク
1R	4棟 1/56	10棟 33/146	16棟 61/201	1棟 3/18
空室率	2.50%	22.60%	30.35%	16.67%
1DK		1棟 3/10	1棟 3/25	
空室率		30.00%	12.00%	
1LDK	3棟 0/33	1棟 1/6	3棟 0/14	1棟 0/9
空室率	0.00%	16.60%	0.00%	0.00%
2DK		4棟 9/50	17棟 19/159	9棟 14/78
空室率		18.00%	11.95%	17.95%
2LDK	6棟 1/68	6棟 7/46	7棟 8/73	3棟 10/38
空室率	1.47%	15.22%	10.96%	26.32%
3DK		2棟 1/27	6棟 12/82	5棟 12/58
空室率		3.70%	14.63%	20.69%
3LDK		1棟 8/23	6棟 9/59	1棟 4/14
空室率		34.70%	15.25%	28.57%

空室率(高)　空室率(低)　空室率(高)　空室率(低)

※エスポワールB&B　⇒　1Rタイプ　×　Cランク

促進されることが予想されます。

このマトリックスを「エスポワールB&B」で実践してみました。図5－5が、実際に高岡市の駅南エリアでの市場調査（マーケティング）をした内容を「マトリックス分析表」にしたものです。

「エスポワールB&B」は、「1R×Cランク」のマスに位置します。このマスの空室率はなんと30・35%と驚異的な悪さです。これに対して、周囲のマスを見ると、「1R×Aランク」のマスの空室率が2・5%と低いことが分かります。したがって、今回は現実的な選択肢として、1Rの間取りは変えずに、CランクをAランクにリノベーション、バリューアップすれば空室率が低くなると結論

図5-6　投資分析結果

- 外壁バリューアップ、オートロック、TVインターホン、インターネット無料
- 年間収入賃料 2,338,200 円　⇒　改善後　**10,734,000 円**
　　　　　　　　　　　　　　　　収益アップ　**8,395,800 円**
- 1戸当たり平均賃料 35,000 円　⇒　改善後　**45,000 円**
- 再投資金額 2,800 万円　　再投資利回り　**30%**

バリューアップ前

バリューアップ後

づけました。

そして、行ったバリューアップ工事後の結果が、図5－6です。工事内容は、外壁工事、オートロック、TVインターホン、インターネット無料、アクセントクロス、流し台扉カッティングシート張り、玄関扉塗装など、再投資総額は、2800万円です。この工事によって、工事前の年間家賃収入233万8200円が工事後、1073万4000円となり、収入アップの総額は、839万5800円になりました。1戸当たりの賃料が、3万5000円から4万5000円にアップし、直接再投資利回りは30%にもなりました（839万5800円／2800万円）。

3 臨界家賃を見つける〜「大門マンション」

ミッキー流究極の満室戦略実践例の2つ目は、長期にわたって稼働率がなかなか上がらず、空室状態が恒常化している「大門マンション」の成功事例を紹介します。入居が進ま

図5-7 「大門マンション」

図5-8 「大門マンション」間取り

図5-9　入居率に連動させた募集家賃の設定ルール

1.入居率	～	60%	：	査定家賃の	60%
2.入居率	～	70%	：	査定家賃の	70%
3.入居率	～	80%	：	査定家賃の	80%
4.入居率	～	90%	：	査定家賃の	90%
5.入居率	～	100%	：	査定家賃の	100%

※査定家賃は、既存募集家賃ではなく、現在の再査定市場家賃。

ない理由は、募集家賃の設定に問題がありました。図5－8は「大門マンション」の代表的な間取りです、DKと洋室のバランスが悪く、使いづらい間取りとなっていいます。間取り変更の選択肢も考えられますが、構造が鉄筋コンクリート造で、耐力壁を取り壊せないうえ、解体後の補強には巨額の工事費がかかることも予想されるため、見送りました。そこで、この間取りの適正な家賃はいくらが妥当なのか、設定家賃に幅をもたせて、入居者が決まり始める家賃を見つけ出すことにしました。決まり始めると思われる賃料を仮定し、それに基づいた家賃で募集実験を繰り返し行うのです。つまり、体験を通して「臨界家賃」を見つけ

図5-10 「臨界家賃」の検出手法モデル①

入居率	第一回目 査定家賃	減価率	スタート 募集家賃
95％以上	50,000円	110％	55,000円
90％以上	50,000円	100％	50,000円
80％以上	50,000円	90％	45,000円
70％以上	50,000円	80％	40,000円
60％以上	50,000円	70％	35,000円
50％以上	50,000円	60％	30,000円
50％未満	50,000円	50％	25,000円

80％超えない

40,000円で止まる

臨界家賃 → 査定家賃を変動させながら入居率が85％になる賃料

出していきます。

まずは、モデルケースで説明します。図5－9は募集家賃の設定ルールです。まずは査定家賃を仮に設定します。全戸数のうち、入居率が60％になるまでは査定家賃の60％の金額で募集し、第一段階では、思い切って値下げをして募集します。そして、全戸数のうち、入居率が70％になるまでは査定家賃の70％、入居率が80％になるまでは査定家賃の80％、入居率が90％になるまでは査定家賃の90％で募集します。この設定ルールに基づいて、モデル事例の部屋ごとの募集家賃を一覧表にしたものが図5－10になります。初めの査定家賃が

図5-11 「臨界家賃」の検出手法モデル②

査定家賃40,000円にて再スタート

入居率	第二回目 査定家賃	減価率	スタート 募集家賃
95%以上	40,000円	110%	44,000円
90%以上	40,000円	100%	40,000円
80%以上	40,000円	90%	36,000円
70%以上	40,000円	80%	32,000円
60%以上	40,000円	70%	28,000円
50%以上	40,000円	60%	24,000円
50%未満	40,000円	50%	20,000円

85%達成

臨界家賃

5万円の場合では、全戸数のうち、入居率が50%になるまでは、募集家賃は5万円の50%である2万5000円になります。この条件で募集をスタートさせると、市場家賃に比べ著しく低い設定の家賃の部屋から決まり始めます。ところが、入居者が決まり始めた部屋も、ある一定の家賃までくるとピタリと決まらなくなります。仮に、その家賃の金額が4万円だとします。その止まった家賃4万円が、第2回目の査定家賃になります。その査定家賃に対して、図5-11のように、再募集家賃として設定し直します。そして、この募集条件で、入居率が85%になった家賃を「臨界家賃」と定義します。このモデルケースにおいては、

3万6000円の募集家賃で入居率は85%に到達します。したがって、この3万6000円が「臨界家賃」ということになりました。臨界家賃が3万6000円ですから、この基準賃料を境にして、この金額より1000円でも安いと決まりやすく、1000円でも高いと決まりにくくなります。今後の空室発生時の募集家賃は、3万6000円が妥当な家賃だということになります。

ここで再び、「大門マンション」の臨界家賃（図5－11）を振り返ってみましょう。図5－12のように、10室の空室部屋の募集家賃を現在の査定家賃3万6000円から割引して設定しました。例えば、102号室は査定家賃の61%2万2000円。203号室は査定家賃の100%にします。さすがに最低賃料の2万2000円の部屋から順番に決まっていきました。そうしてモデルケースの二段階としては、さまざまな募集家賃の設定を繰り返し、発見した「臨界家賃」で残りすべての空室を募集しました。その結果、「大門マンション」がどのように改善したのかは図5－13のとおりです。当初の月間家賃収入37万8000円が、67万7000円となり、稼働率は52%から90%に向上しました。

この手法を実行するうえでのポイントは次の2点です。

①この「臨界家賃」を発見する過程で、同じ間取りの部屋の家賃に大きな幅がある状況の

図5-12　大門マンション募集家賃一覧表

No.	号室	査定家賃	値引率	収入家賃
1	101	37,000	70%	空室
2	102	36,000	60%	空室
3	103	36,000	100%	36,000
4	105	36,000	70%	空室
5	106	37,000	60%	空室
6	201	39,000	100%	39,000
7	202	38,000	100%	38,000
8	203	38,000	100%	空室
9	205	38,000	100%	38,000
10	206	38,000	100%	空室
11	301	39,000	100%	39,000
12	302	38,000	90%	空室
13	303	38,000	100%	38,000
14	305	38,000	90%	空室
15	306	38,000	100%	38,000
16	401	38,000	100%	38,000
17	402	37,000	80%	空室
18	403	37,000	100%	37,000
19	405	37,000	100%	37,000
20	406	37,000	80%	空室
	満室賃料	**750,000**	合計	**378,000**
			稼働率	**52%**

No.	号室	査定家賃	値引率	収入家賃
1	101	37,000	70%	26,000
2	102	36,000	60%	22,000
3	103	36,000	100%	36,000
4	105	36,000	70%	25,000
5	106	37,000	60%	22,000
6	201	39,000	100%	39,000
7	202	38,000	100%	38,000
8	203	38,000	100%	38,000
9	205	38,000	100%	38,000
10	206	38,000	100%	38,000
11	301	39,000	100%	39,000
12	302	38,000	90%	34,000
13	303	38,000	100%	38,000
14	305	38,000	90%	34,000
15	306	38,000	100%	38,000
16	401	38,000	100%	38,000
17	402	37,000	80%	30,000
18	403	37,000	100%	37,000
19	405	37,000	100%	37,000
20	406	37,000	80%	30,000
	満室賃料	**750,000**	合計	**677,000**
			稼動率	**90%**

図5-13　大門マンション家賃収入が増加

① 当初月間収入家賃：378,000円
（稼働率52%）

② 当初月間収入家賃：677,000円
（稼働率90%）

POINT

a）同じタイプの部屋の家賃に差があるため決定が早くなる。
b）本当の相場家賃の把握ができる。
c）決まり始めることで、入居に勢いがついてくる。

なかで、お部屋探しをしているお客さまに安い部屋かどうかの決定判断をすぐにしてもらえる。

②入居者が決まり始めると、物件を取り巻く空気がプラスに変化し、客付けに勢いが出る。

4 ターゲッティング戦略～「ソレイユ蓮花寺」

部屋の再投資、リノベーションを行う場合、「こんな部屋を探していた！　やっと見つけた！」というお客さまを具体的にイメージすることを「ターゲッティング」といいます。極端な表現をすれば、熱烈なファンが一人いればいい、という考え方です。したがって、誰もが人気の間取り、人気の設備のある部屋は、どこにでも存在し、ライバル物件との競争に絶えずさらされ続けます。したがって、金太郎飴のように、どこにでもある部屋とレッテルを貼られてしまうことにもなりかねません。熱狂的なファン一人をイメージし、その人のためにこだわりの部屋をつくるのです。世界に一部屋しか存在しないわけですから、離れたエリアからの引っ越しも可能にします。ニッチを狙った差別化戦略を進化させたものになります。
このターゲット顧客の・名前、性別、年齢、家族構成、勤務先、年収、・持ち物（好きなブランド、バッグ、アクセサリー、靴など）、・週末・休日の過ごし方（趣味、習い事、デートの場所など）がファイリング項目となります。イメージがより具体的であればあるほど、こだわりを表現できます。

「ソレイユ蓮花寺　１０６号室」住人　名前　赤川まちこさん
①　性別：女性
②　身長：１５４㎝
③　年齢：32歳
④　年収：４００万円
⑤　血液型：Ｂ型
⑥　職業：ＳＥ、インテック勤務
⑦　生活：現在、実家暮らし（両親、２歳年下の妹と４人）
⑧　趣味：登山、テニス、植物観察

⑨　性格：几帳面

⑩　生活：毎日、計画を立てて行動する。

⑪　彼氏：友達想いで、同性に好かれ、友達が多い。

⑫　料理：今は親に頼りっぱなし。独立後は、自炊をする予定。

⑬　洋服：ユニクロ等、カジュアルな衣服が中心。ファッションには、疎いほう。

⑭　登山装備：登山装備、登山着はお金にいとめをつけず、高額品が多い。
　　　趣味にはお金をかける。

⑮　お部屋探しのニーズ：ⓘ一人暮らしが夢
　　　　　　　　　　　　ⓘⓘ大量の登山装備品、登山着の収納スペースが必要
　　　　　　　　　　　　ⓘⓘⓘ玄関広め、下駄箱大きいものが必要
　　　　　　　　　　　　ⓘⓥトレーニングも室内でしたい

［富山の山ガール］

富山県は、登山家にとってあこがれの名山、「立山連峰」が堂々とそびえている県です。

近年の登山ブームや女性向けの登山月刊誌での紹介、北陸新幹線の開業も追い風となり、

図5-14　山ガールの住みたい部屋

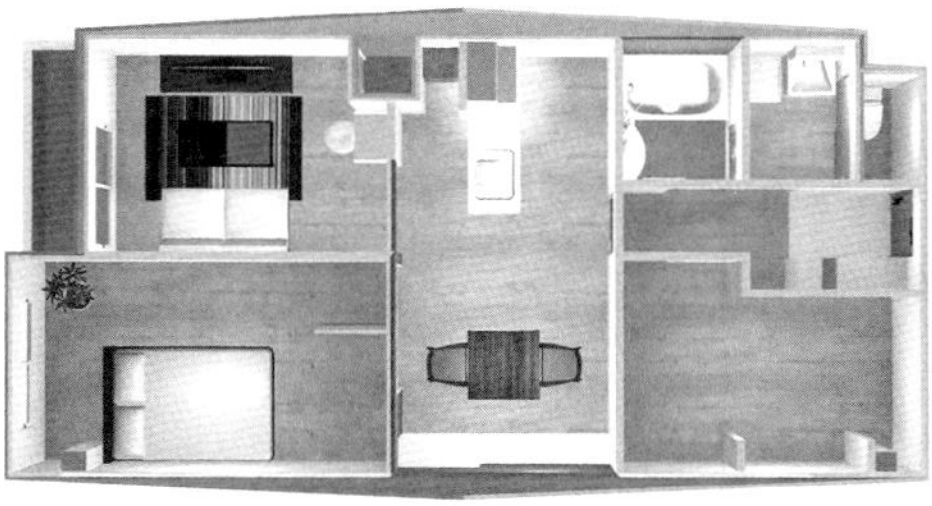

「立山」を訪れる山ガールが急速に増加しています。

立山黒部アルペンルートには、今年も山ガールによる富山県観光案内所「とやま旅ナビ」が開設されています。

富山県内の山岳会は10団体程度、各団体の在籍者数は20～100人です。高齢化が進んでいる一方で、若い女性の入会が増えています。

山ガール「まちこさん」の住みたい部屋を具現化したプランが図5-14、15です。玄関ホールにはピッケルやストックも入るゆったりとした収納庫、山道具のザックやたくさんのレインウェアを収納できる洋室、登山の計画を練り上げるための書斎、若い女性が好む色使いの壁紙、対面キッチンなどです。

こうしてどこにも存在しない「まちこさん」専用の部屋ができました。まちこさんは「こんなお部屋を、ずっと探していたのよ！」と大喜びです。

この部屋の再投資金額（リノベーション費）は250万円

図5-15　住みたい部屋の内装

玄関ホール

書斎

洋室収納

食堂テーブル

図5-16 再投資利回りは？

1．総投資額：¥2,500,000

2．リノベーション前（Before）

1室当たりのネット収入（純収益）

45,000円 × 79％＝35,550円

3．リノベーション後（After）

1室当たり収入　借り上げ賃料　57,000円

4．再投資利回り

$$\frac{(\overbrace{57{,}000\text{円}}^{\text{After}}-\overbrace{35{,}550\text{円}}^{\text{Before}})\times 12\text{カ月}}{2{,}500{,}000\text{円}}=10.3\%$$

かかりました。工事前の募集家賃は４万５０００円で、入居率は８５％でした。さらに管理費として家賃の６％が管理料としてかかります。したがって、この部屋の純収益は、３万５５５０円〔４万５０００円×（８５％－６％）〕です。再投資（リノベーション）後の借上げ賃料が５万７０００円なので再投資利回りは、図５－16のとおり、10・３％になり、満足できる投資利回りがはじき出されました。

ターゲットを絞り込めば絞り込むほど、尖れば尖るほど、集客のパワーは増します。一方で、この部屋に吸い付けられるお客さまは、ごくごく限定された方になります。イメージしたターゲット顧客が存在しなければ、長期空室になってしまうという危険もあります。いかに実在の人物像に近づけるかが、成功するための大きなポイントになります。

■新型コロナウイルス発生！

中国・武漢で発生した新型コロナウイルスの猛威に全世界の住民が恐怖に怯えています。「ｓｔａｙ　ｈｏｍｅ」、非接触の行動の徹底によって、一定の感染防止の効果があることは実証されていますが、経済活動を止めることにもつながり、感染防止による命と経済との選択の問題が経済人、政治家、一般国民を悩ませています。日本国内においては経済活動を再開させながら、感染予防に努めていく

図5-17　富山県内の感染状況

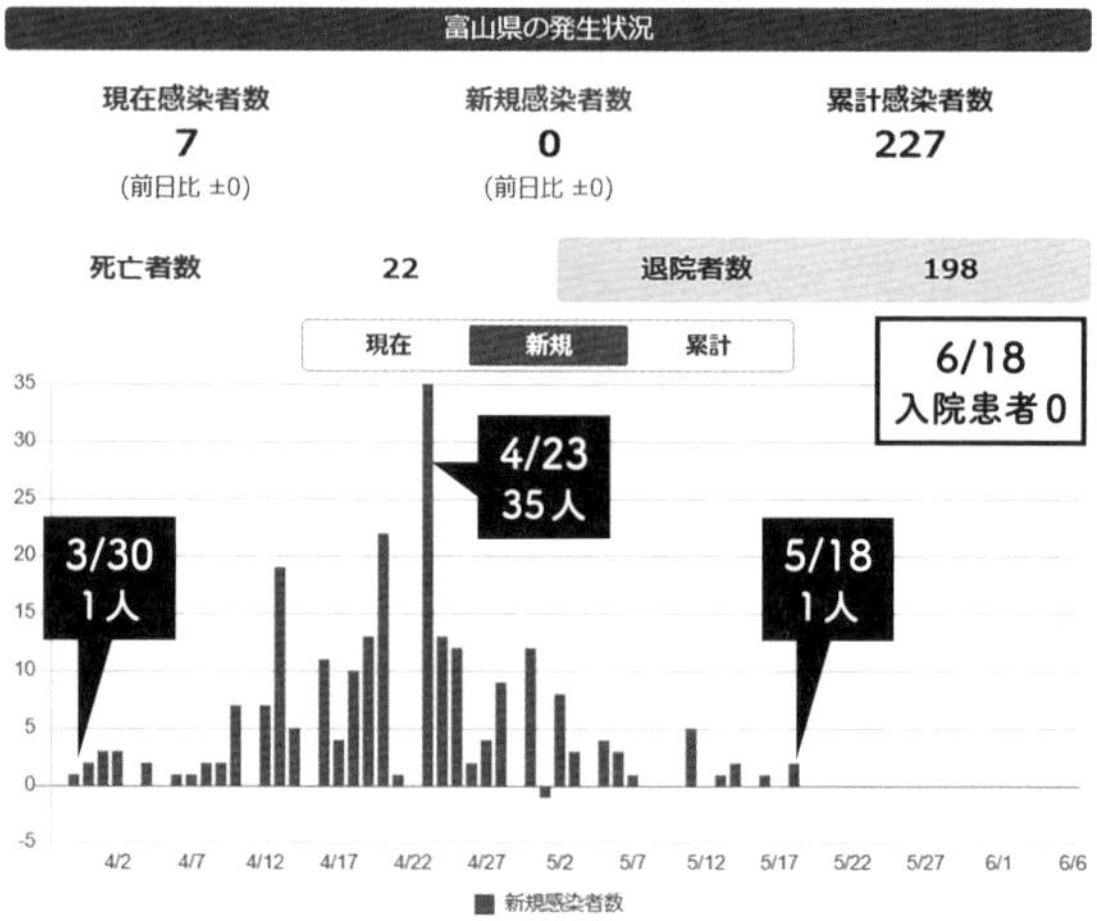

資料：富山県「新型コロナウイルス感染症に関する情報」を基に作成

という難しい舵取りを行うことが余儀なくされております。

■富山県内の感染状況

富山県内においては2020年3月30日に、最初の感染者発生の発表がありました。全国では4番目に遅い感染者の発生で、この日までは感染者がいないということで、県民は「富山は安全」と安心しきっていました。初感染者は海外からの帰国者との濃厚接触をされた方でした。その後、県内感染者はこの日を境に徐々に増え始め、ついに、福祉施設や病院にクラスターが発生してしまいました。県内では、4月16日に緊急事態宣言が発出され、5月14日の解除までの約1カ月間にわたり、厳しい経済活動の制限が課せられ、県民は不要不急の外出の自粛、街の中は閑散とした状態になりました。第一波が終息したとみられる5月18日までの感染者数は累計227人で、うち、死者数は22人となりました。

■緊急事態宣言下の賃貸住宅市況

緊急事態宣言下前後の4月と5月は大きな影響を受けました。感染リスクを避けるために、お部屋探しのお客さまの来店が減りました。

図5－18はこの期間の富山市エリアにおける賃貸仲介（リーシング）店舗「アパマンショップ」7店舗の営業指標「反響」「新規来店」「白契約」の昨年対比の実績数値です。外出を控えるお客さまは、まずはインターネットやポータルサイトでお部屋探しをしました。お店にメールや電話で問い合わせをされた「反響」が、昨対119％と大幅に増えたことがその行動を表しています。そして、実際に来店されたお客さまは昨対84％で16％の減少、実際に部屋を決めて契約されたお客さま（白契約）は、昨対78％で22％もの減少となりました。

この4月と5月をさらに細分化、4月は非常事態宣言がスタートする前の15日までとスタート後の16日以降に、5月を非常事態宣言が解除される前の14日までと15日以降と、4分割した営業数値の実績を示したのが図5－19、20、21、22です。インターネット、ポータルサイト等のネットによる問い合わせは、新型コロナウイルスの感染者が発生した直後に、昨対126・5％と一気に増加しました。「新規来店」は非常事態宣言の発出期間の4月16日～5月14日までが70％台と、外出を控えた傾向が見て取れます。実際に部屋を決め、契約までに至った「白契約」のお客さまは、5月の後半に近づけば近づくほど、減少していきました。「決定率」も低調で、5月の後半では47％となり、「白契約」数は、昨対71・4％になりました。ところが「新規来店数」は5月の後半の15～31日までの期間にお

図5-18　4月・5月　富山エリアの「反響」「新規来店」「白契約」の昨対数値実績

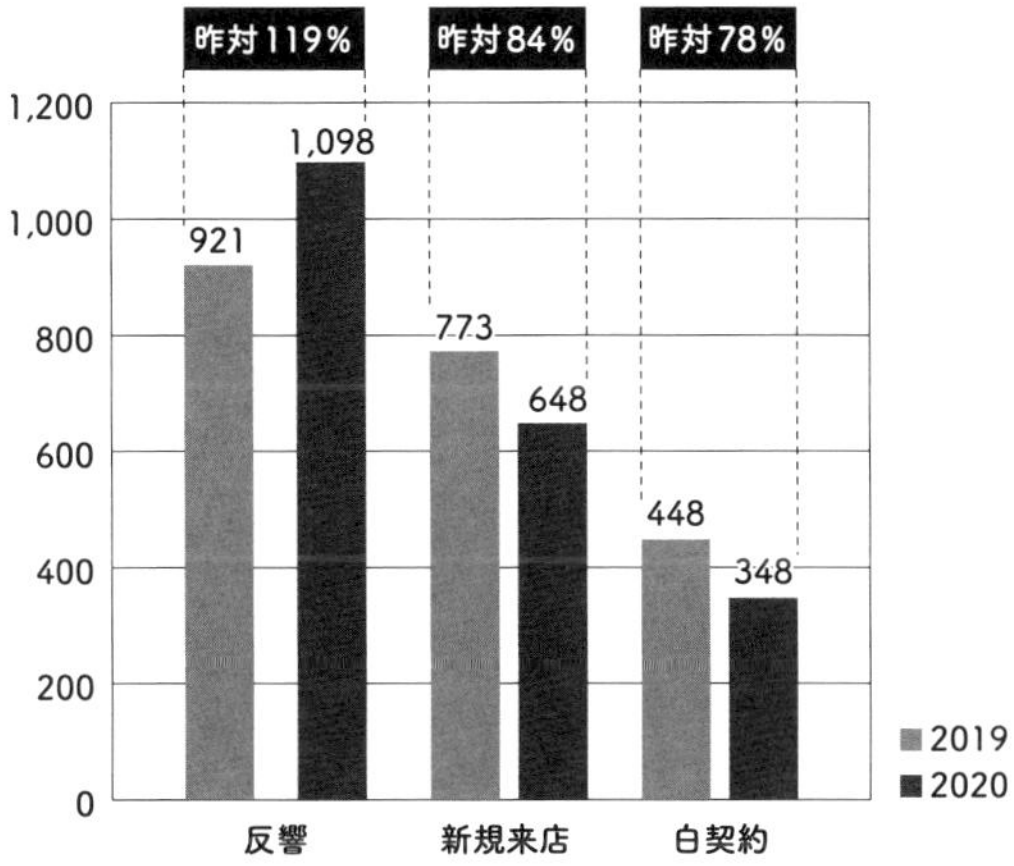

図5-19　4月・5月　非常事態宣言発出期間〔富山エリア〕昨対数値実績

「非常事態宣言発出期間」

	4月（1日～15日）			4月（16日～30日）			5月（1日～14日）			5月（15日～31日）		
	2019	2020	昨対	2019	2020	昨対	2019	2020	昨対	2019	2020	昨対
反響	200	253	126.5%	218	257	117.9%	198	244	123.2%	305	344	112.8%
新規来店	210	169	80.5%	155	123	79.4%	146	109	74.7%	262	247	94.3%
白契約	117	96	82.1%	95	82	86.3%	75	55	73.3%	161	115	71.4%
決定率	56%	57%	+1%	61%	67%	+6%	51%	50%	△1%	61%	47%	△14%

図5-20　4月・5月　非常事態宣言発出期間
［富山エリア］昨対「反響」数値実績

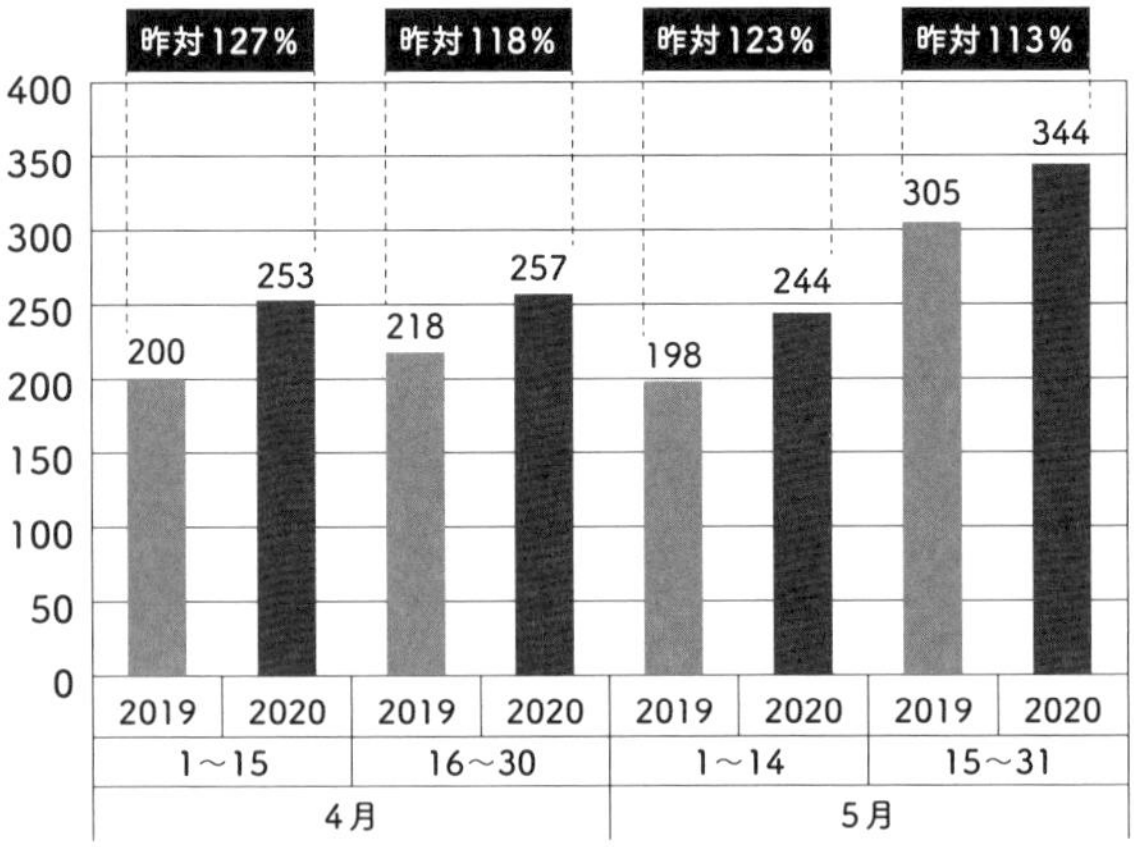

図5-21　4月・5月　非常事態宣言発出期間
［富山エリア］昨対「新規来店」数値実績

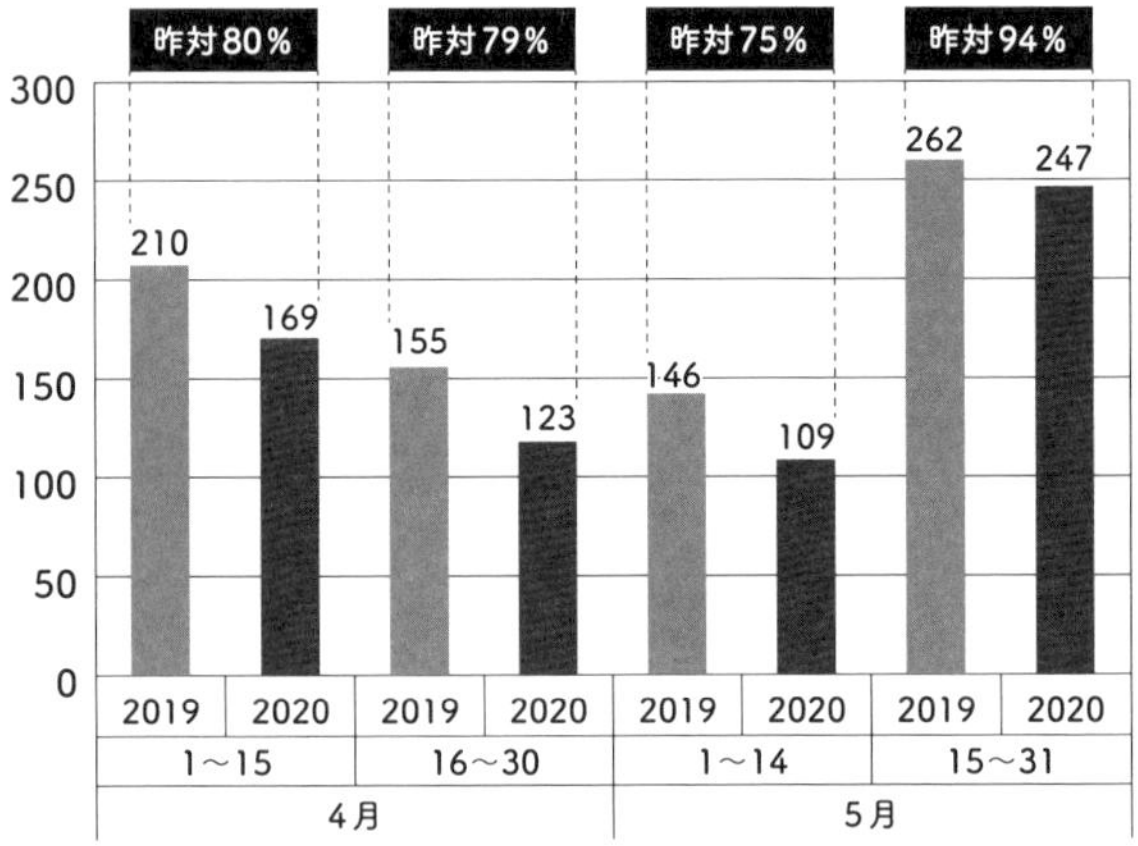

図5-22　4月・5月　非常事態宣言発出期間
［富山エリア］昨対「白契約」数値実績

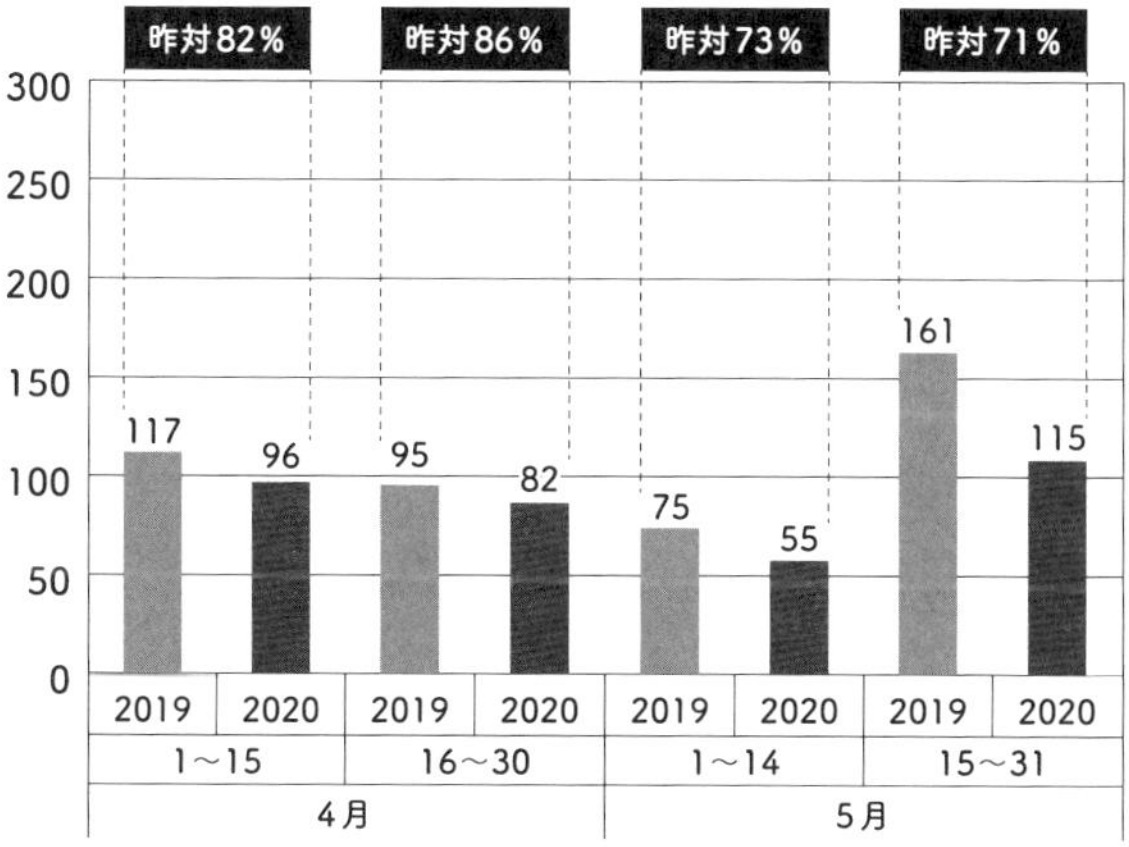

いて、昨対94・3％まで戻ってきています。

これは、緊急事態宣言が解除され、5月19日以降、富山県内の新規感染者がゼロになり、外出制限緩和のムードが一気に広がってきたことを反映していると考えられます。

さて、この4月と5月における、「新規来店」と「白契約」減少の一番の要因は何か、分析をしてみます。

■企業、法人の人事異動の停止

結論から言うと、この間の数値の減少の最大の要因は、企業、法人の人事の異動が止まったことです。大手企業の多くは特に4月以降、定期の人事の異動を一旦様子見、中止しました。その影響をまともに受

図5-23　4月・5月　非常事態宣言発出期間
〔法人・富山市エリア〕昨対数値実績

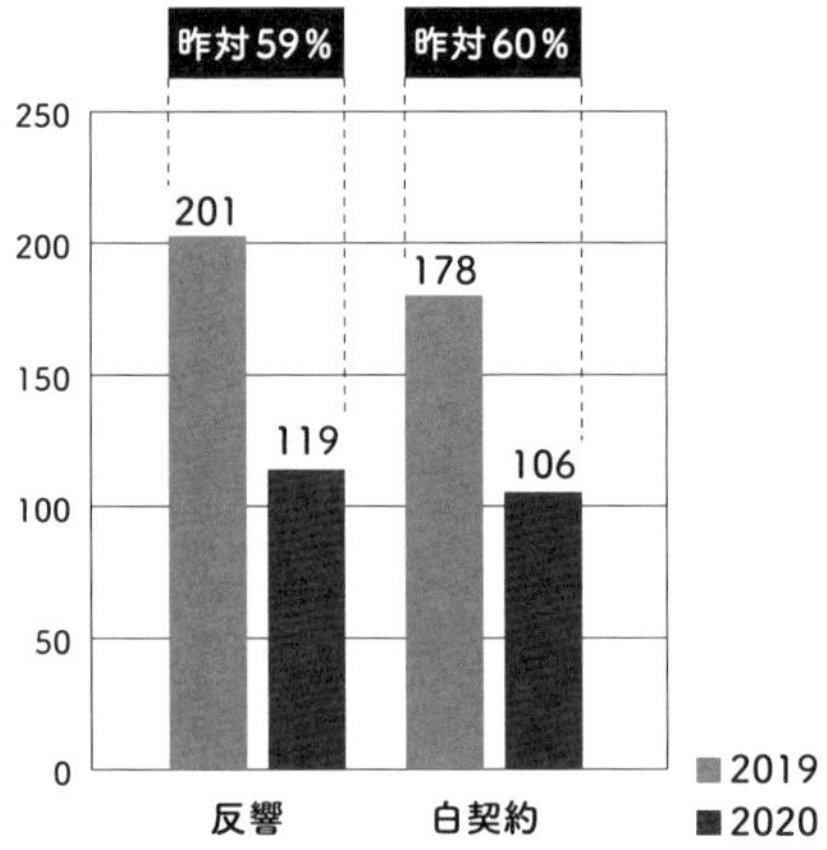

けたのです。図5－23は同じく富山市エリアの法人からの社宅探しの「依頼数」と実際に契約まで至った「白契約数」の数値です。4月、5月の累計では、依頼数が昨対59％で41％減、「白契約数」が昨対60％で40％減です。いずれも40％程度の減少と減少幅が特に大きいことが分かります。この2カ月間を4分割した詳細な数値が図5－24、図5－25です。法人からのお部屋探しのニーズがどんどんなくなっていく様子が見て取れます。２０１９年5月15日～31日の「依頼数」の83件、「白契約数」の80件と、飛び出ている部分のうち42件は、製造業の工場への派遣社員の特需によるものです。この製造業の工場への派遣社員の依頼

図5-24　4月・5月　非常事態宣言発出期間
［富山エリア］昨対数値実績

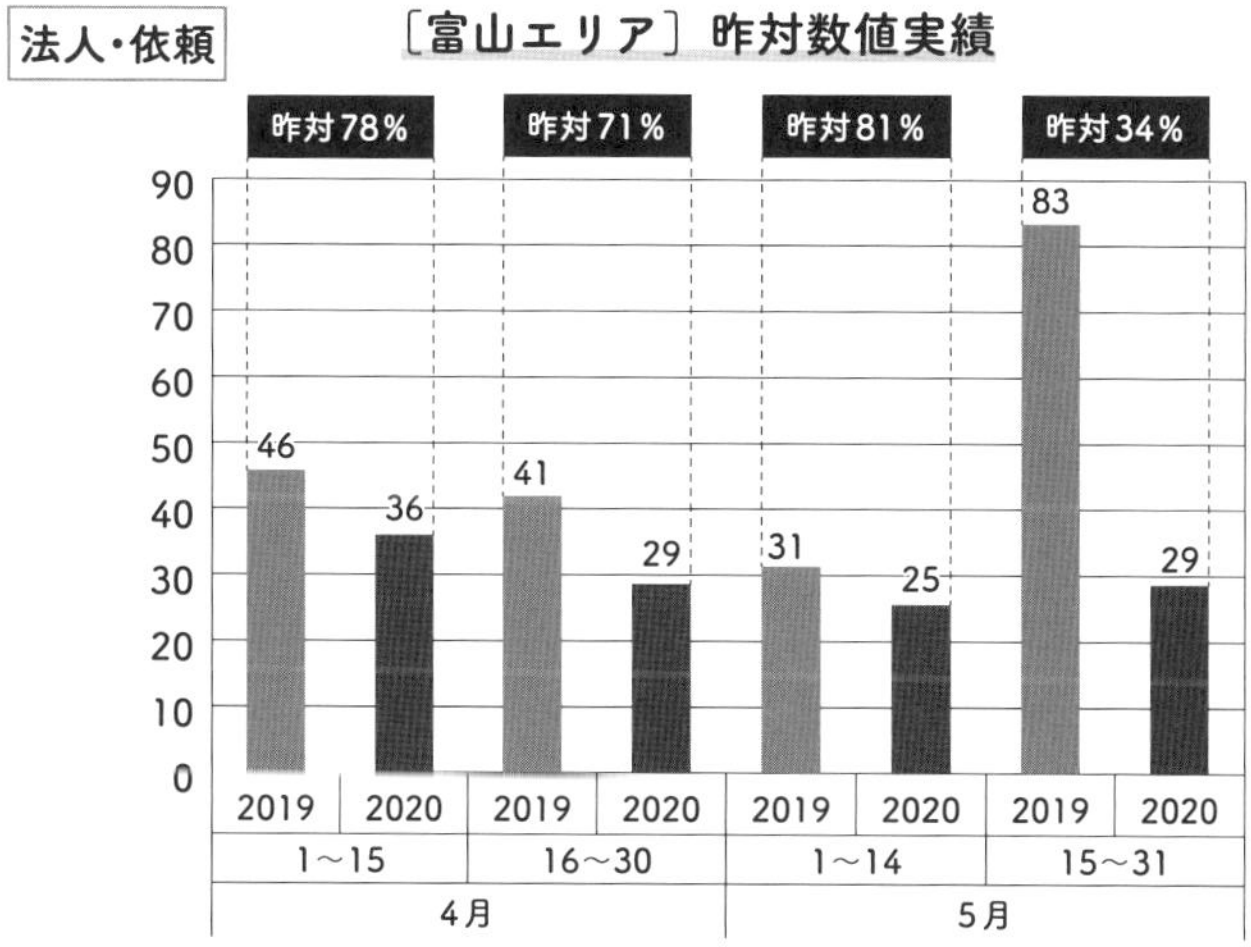

図5-25　4月・5月　非常事態宣言発出期間
［富山エリア］昨対数値実績

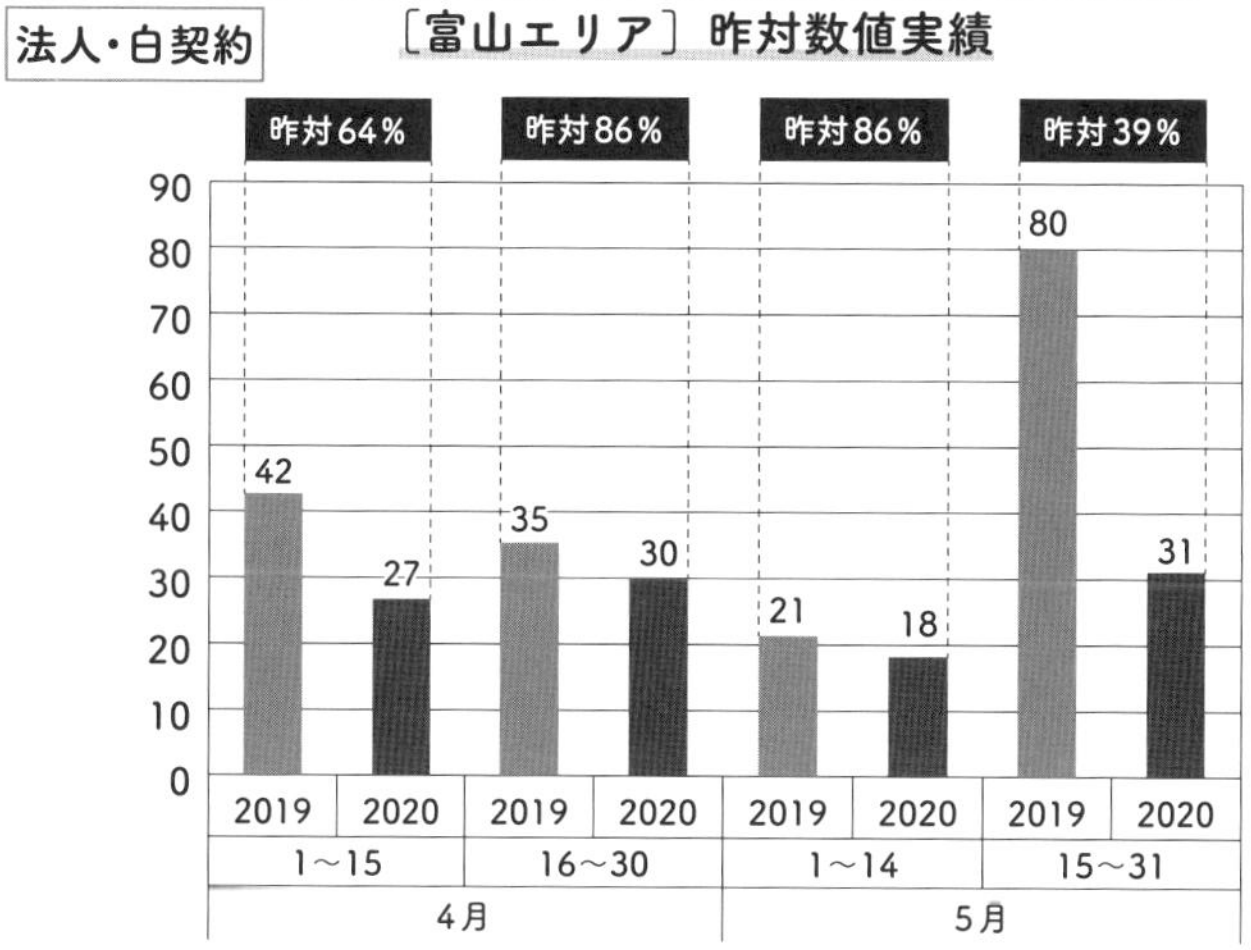

は、2020年にはまったくありません。世界の部品供給のサプライチェーンの崩壊により、輸出入が制限され、大きな影響を受けているということが考えられます。企業、法人の人事の異動が再開されない限り、空室の部屋が決まらない、そんな状況に陥っています。どうすればいいのでしょうか？

■新型コロナウイルス禍における緊急対策

法人需要の激減を受けての緊急対策として、個人客向けのお客さまにターゲットを絞り込む戦術を採りました（図5－26）。法人ニーズが見込めない以上、個人客にターゲットを移すという考え方は極めて自然です。さっそく、富山市エリアにおける直前月の3月の決定家賃の法人と個人の比較をしました（図5－27、図5－28）。なお、3月は新型コロナウイルスの影響を受けていないという判断から、3月の数値をサンプルにしています。1Rタイプにおいては個人のお客さまよりも法人のお客さまの決定家賃は115・1％にもなっています。なんと、15％も高いことが分かりました。3LDKタイプにおいては、118・4％と、さらに決定家賃が高かったのです。近年の人材採用難から福利厚生の中心となる社宅の予算を高めている企業の戦略が読み取れます。したがって、平時では法人

図5-26　非常事態宣言発出期間における募集戦略

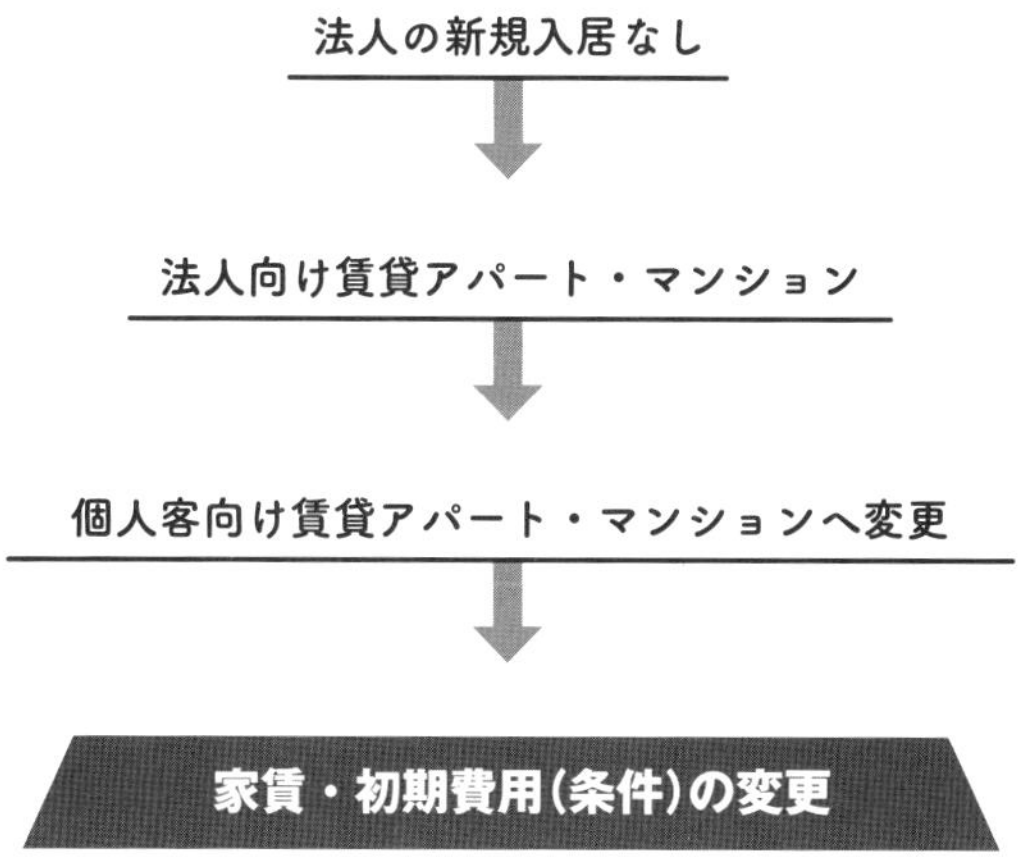

図5-27　［富山市エリア］3月度　法人&個人　契約単価比較表

間取り	個人顧客単価	法人単価	差額	割合
1R	41,938	48,272	6,334	115.1%
1LDK	56,235	63,912	7,677	113.7%
2LDK	69,279	77,963	8,684	112.5%
3LDK	77,143	91,333	14,190	118.4%
件数	243(56%)	190(44%)		

※「アパマンショップ富山大学前店」の実績は、学生対象のため除く

図5-28 〔富山市エリア〕3月度
法人&個人　契約単価比較グラフ

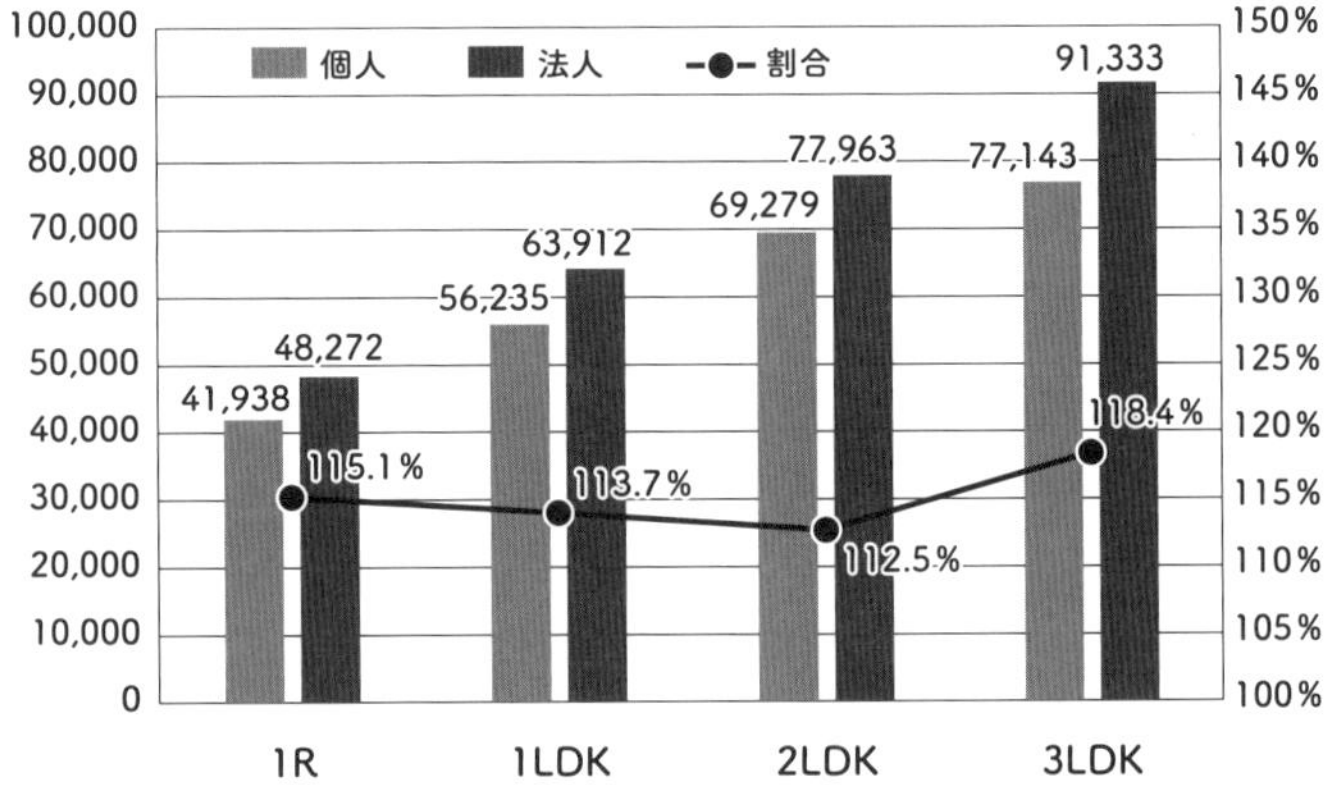

向けの賃貸マンション経営は収益性が高く、戦略上は効果的ですが、このコロナ禍の非常時においては、逆効果になってしまったわけです。

したがって、法人向けの募集賃料を値下げし、個人向けの募集賃料に見直しすることが緊急対策になります。法人の異動の見通しが立たない現状においては、いたずらに空室期間を長くするよりは、家賃を下げてでも稼働率を上げ、年間の収益を最大化する考え方を選択します。

■緊急対策の実例

まさにコロナ禍での緊急事態宣言期間の5月7日に完成し、引き渡しとなった「べ

図5-29　募集家賃&申し込み経過一覧表

室号	募集家賃 当初家賃	割引率	見直家賃	順番	申込日	個人・法人
101	58,000	90%	52,000	4	6月12日	法人
102	57,000	85%	49,000	2	6月　7日	個人
103	57,000	85%	49,000	3	6月11日	個人
105	57,000	100%	57,000	（入居中）	（5月23日）	（法人）
106	58,000	90%	52,000	5	6月12日	個人
201	59,000	100%	59,000			
202	58,000	95%	55,000	6	6月21日	個人
203	58,000	95%	55,000	1	6月　6日	個人
205	58,000	100%	58,000			
206	59,000	100%	59,000			
合計	579,000	（93.6%）	545,000			

※①建物完成、引渡日：5月7日　②募集家賃見直し日：6月4日
③別途、共益費3,000円、駐車場代3,300円、町費800円

ルグランデ」は、入居者のターゲットが法人ということもあり、入居者が決まる気配さえありませんでした。通常であれば、人気エリアでの新築物件とあれば、完成時には半分は予約が入っていてもおかしくありません。かといってコロナ禍という非常時に特殊事情を理由に放置するわけにはいきません。

そこでミッキーは前述の緊急対策を実践。6月3日にオーナーとともに緊急対策会議を開催し次の提案をしたのです。1LDKタイプの法人向けの決定家賃が、個人向けの決定家賃の113・7%であるというデータから、最大15%家賃を減額し、個人の顧客にターゲットを絞り直しました。6

オーナーさんとの緊急対策会議の様子
（2020年6月3日）

月3日現在10室中9室の空室に対して、決まりにくい1階の中部屋を2部屋選び、この2部屋の募集家賃を15％減額、5万7000円を4万9000円に設定しました。以下、別の2部屋は、10％値下げの5万8000円から5万2000円に、さらに別の2部屋を5％値下げの5万8000円を5万5000円に、その他の3部屋は、現状維持100％での募集です。

この戦略がバカ当たりし、減額した2日後の6月6日から2階203号室に個人の申し込みが入り、以下は減額幅の大きい15％ダウンのお部屋から順調に決まり出しました。オーナーは大満足、喜びの声をいただいたのは言うまでもありません。

coffee break ⑤
新型コロナ禍の賃貸リーシング市況

富山県内の新型コロナ禍の影響による4月から9月までの6カ月間のお部屋探しの動向について見ていきます。下図は富山県内の新型コロナ感染者の新規発生者数を示しています。第一波のピークは4月23日（19人）で、第一波の終息日は5月18日です。翌19日から7月2日までの45日間は新規感染者の発生がゼロでした。第二波のピークは8月8日（11人）で、10月2日をもってほぼ終息しているように見受けられます。

次ページの図は、富山市内における賃貸住宅の新規契約者数の比率を昨対で表しています。この新型コロナ感染者の新規発生者の第一

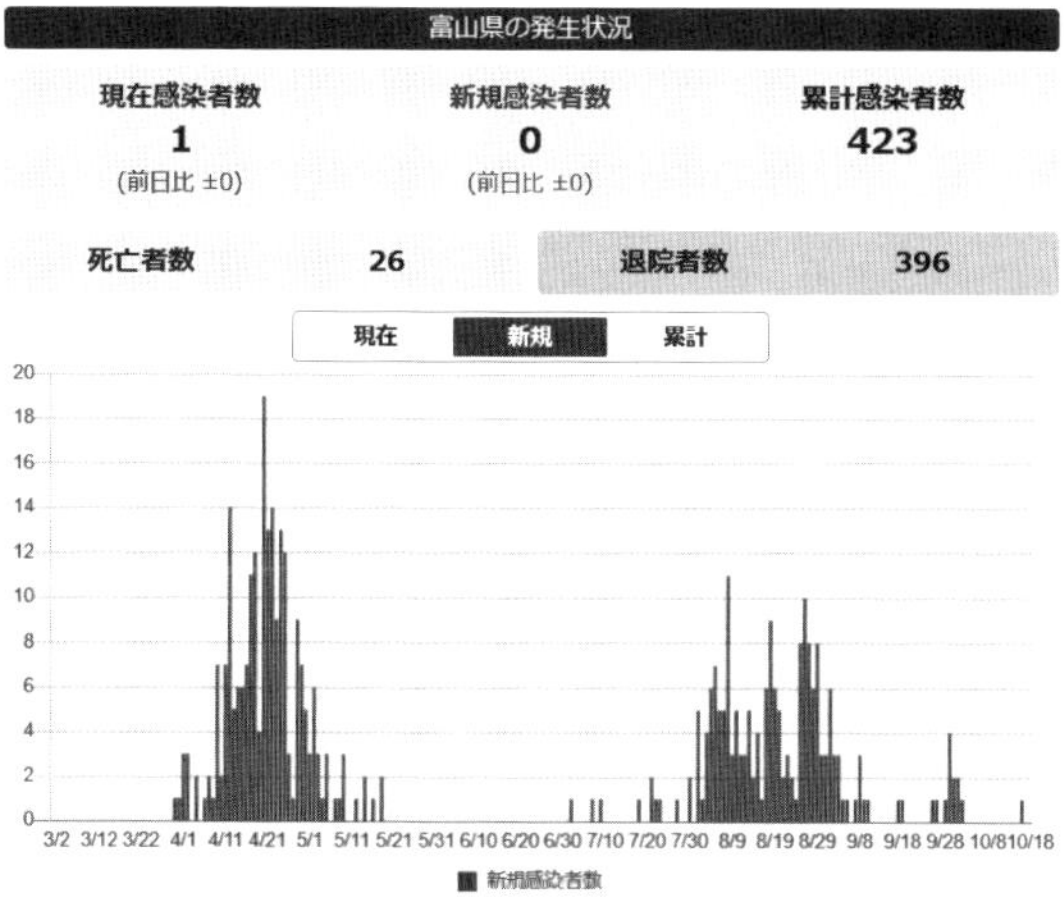

資料：富山県「新型コロナウイルス感染症に関する情報」を基に作成

波、第二波に連動して、お客さまの来店減少に伴い賃貸契約者数は大きく落ち込んでいます。5月後半から6月前半にかけて、お部屋探しのための外出自粛ムードが一気に開放され、「リベンジ来店」とも思える多くのお部屋探しのお客さまが来店され、週末は3月の繁忙期を思い起こさせるくらいにお客さまが溢れました。その盛り上がりも第二波の到来とともに、7月初旬には二番底をつけました。しかしながら、新規コロナ感染者数の第二波が終息に向かう気配がないなかで、お部屋探しのお客さまは再度動き始め、8月の初旬に低いながらも山をつくりました。

下図のように山と谷の波動を繰り返し描きつつ、その山と谷の波は小さくなっていく傾向がみられます。今後も、この傾向がワクチン開発に伴う新型コロナ感染者ゼロを達成するまで、新型コロナウイルスとの共生を探りながら、続いていくものと予想しています。

■新規契約者数 昨対比率の推移

〔富山市エリア〕

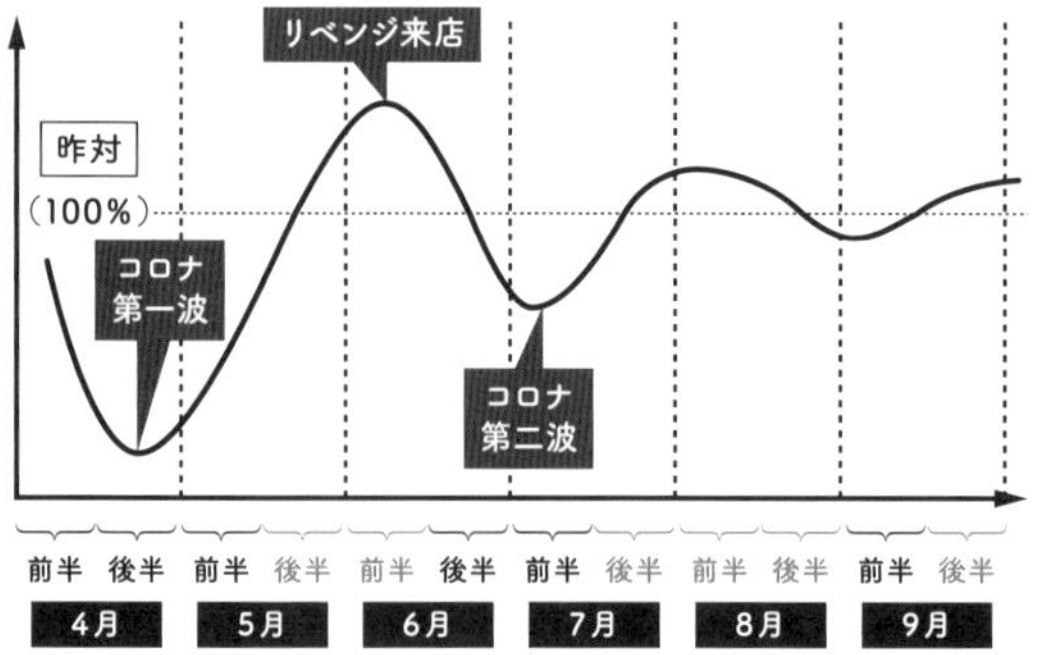

第6章

満室経営で長期安定収入を得る

1 資産寿命を延ばすことがカギ

２０１９年６月３日、金融庁の審議会である「金融審議会」の市場ワーキング・グループが、高齢社会の金融商品・サービスはどうあるべきか、国民に真剣な議論を喚起するべく問題意識を促し、国民の認識が深まることを目的に報告書を提出しました。ところが、この報告書が大問題となりました。「老後に国民が安心して生活を送るためには、２０００万円が必要であり、社会保障制度、つまり年金だけでは暮らしていけない」とメディアが一斉に報道。その報道に国民が怒りの声を上げました。「年金は破綻しているじゃないか」「１００年安心のうたい文句は嘘だったのか」など、ここにきて社会保障制度に対しての国民の不安が爆発。国民への議論喚起が年金制度問題へとすり替わり、国家への不信感が増幅される結果を招きました。

麻生太郎財務大臣が、この報告書は正式なものとして受け取らないなど、火消しに躍起となり、ドタバタ劇が演じられたのはご存じのとおりです。しかしながら、この国民の不満の大噴出はある意味では、皮肉にも、この報告書の目的でもあったのです。国民の間で

図6-1　高齢社会における資産形成・管理

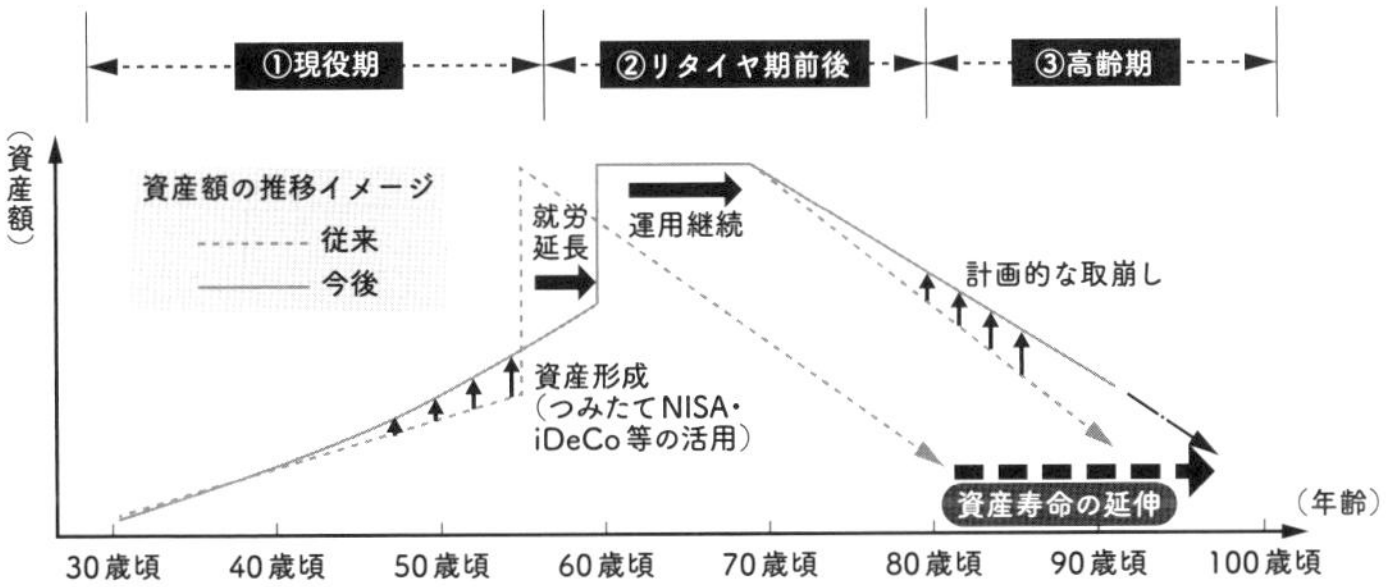

ライフステージ別の留意点

①現役期

・早い時期からの資産形成の有効性の認識
・少額からでも長期・積立・分散投資などによる安定的な資産形成
・自らにふさわしいマネープランの検討

②リタイヤ期前後

・退職金がある場合、それを踏まえたマネープランの検討
・就労継続や収入の改善策の実行
・資産運用の継続と計画的な取崩し

③高齢期

・心身の衰えを見据えたマネープランの見直し
・認知・判断能力の低下・喪失への備え

出典：金融審議会「市場ワーキング・グループ」報告書

老後の生活に関しての問題意識が高まり、どのように対策を講じていけばいいのか、考え始める国民が増えたのです。

この報告書は、老後の安心生活を確保するための手法として、「資産寿命を延ばすこと」が重要だと主張しています。ミッキー流の解釈としては、所有する収益不動産、賃貸マンション・賃貸アパートからの収益を安定的に、長期的に獲得し続けることがそれに当たると考えています。つまり、高い稼働率・入居率を維持し続ける戦略の実行が求められるのです。

「資産寿命を延ばす」概念図が図6－1です。①現役期として、30歳頃の若いうちから少額でもいいので資産形成に取り組むこと。就労期間を延長、働ける間は働き、収入を獲得し続けること。②リタイヤ期前後として、60歳頃から70歳頃までは、退職金がある場合に、それもふまえたマネープランの作成と運用の継続、さらなる就労の継続による資産の維持、目減りの速度を低くすることを目指すこと。③高齢期として80歳以降は認知症対策など、心と体の健全性もふまえたマネープランの見直しを行う、資産の目減り速度を遅くし、資産が枯渇してしまう「資産寿命」の到来期日をなるべく先延ばしをすること、を提案しています。

したがって本章では「資産寿命を延ばす」ことの必要性、背景を、報告書の内容を解説します。

2 老後資金の準備と必要性

国民が老後の生活に関して考えているかの意識調査の結果が、図6-2です。18~29歳の若者の約66%が、「考えたこともない」ということが分かります。老後の安心生活を約束するための資金の準備には、絶対的な時間が必要で、取り組み時に若ければ若いほど、資金づくりには有利になります。定年の65歳に近づくにつれて、関心度は増していきます。

図6-2　老後の生活設計を考えたことの有無

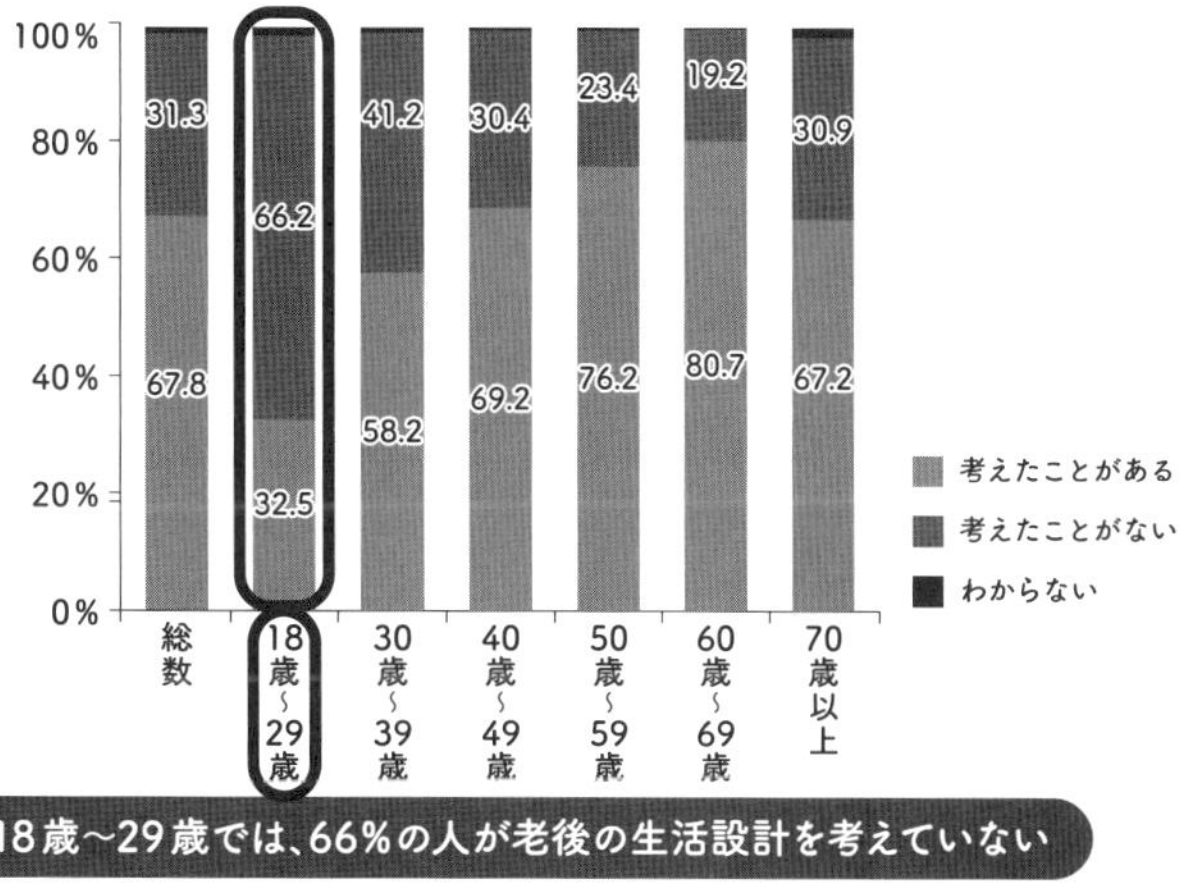

出典：内閣府「老後の生活設計と公的年金に関する世論調査」

これでは、必要な資金がつくれません。行動に出るのが遅すぎるのです。

次に平均寿命と健康寿命の差の推移をみていきます。日本国民の各寿命は毎年更新し続けています。図6－3を見ると、2016年では男性で8・84年、女性で12・35年です。この年齢差の年数期間は、何らかの病気、ケガがあり働くことが困難であることが予測されます。場合によっては、介護が必要となっているかもしれません。もしかしたら、認知症を発症しているかもしれません。

次に平均余命の視点で考えてみます。定

図6-3　健康寿命と平均寿命の推移

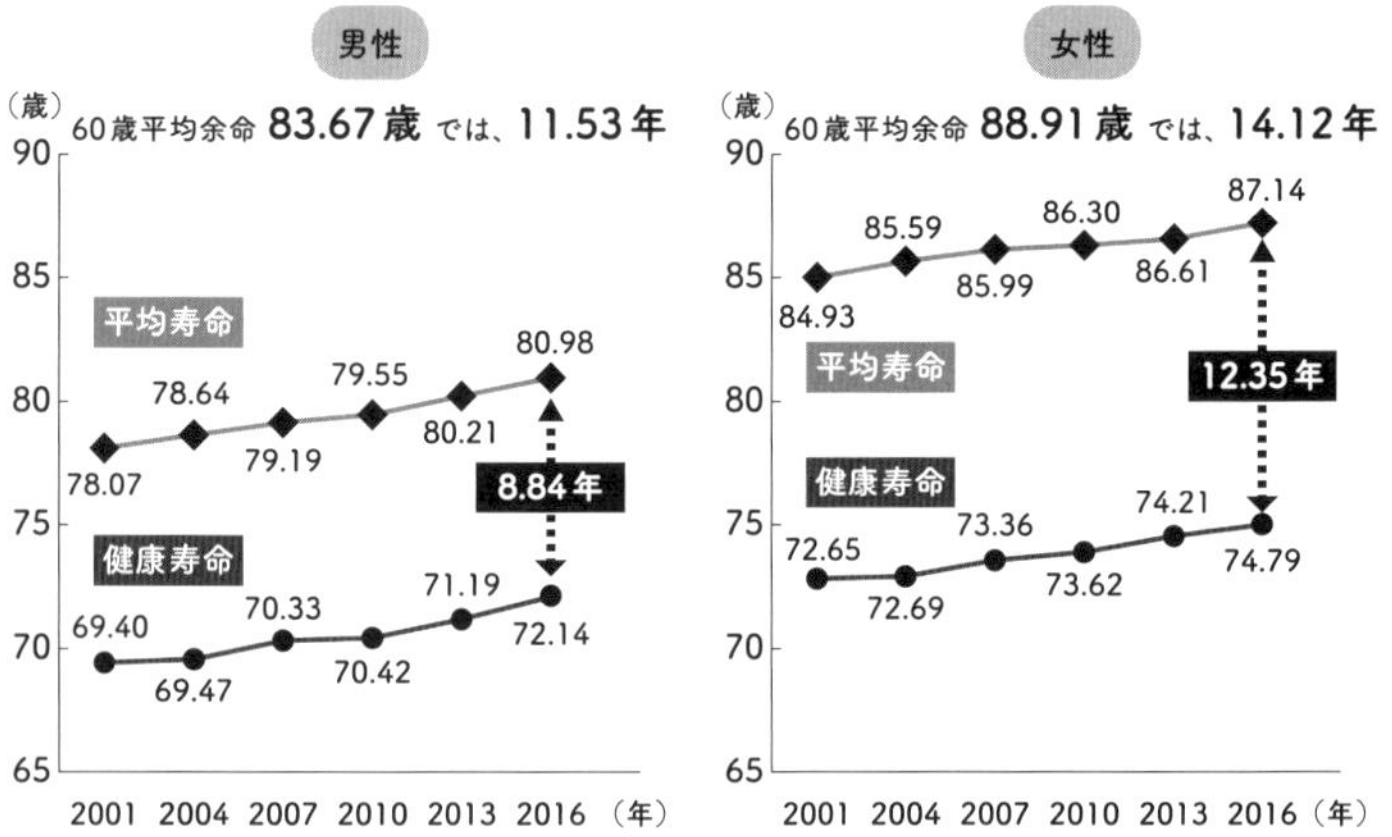

出典：平成29年 厚生労働科学研究班「健康寿命の全国推移の算定・評価に関する研究」

年を迎えた60歳の方が、あと何歳まで生きられるかの年齢を「60歳の平均余命」といいます。「60歳の平均余命」は、男性が83・67歳、女性が88・91歳なので、健康寿命との差は、平均寿命差よりも延びて、男性が11・53年、女性が14・12年になります。この延びた期間にも生活費が必要です。

図6－4は、退職金の平均給付額の推移を示したものです。退職金制度は、労働者のニーズの変化に伴い退職金額の減少傾向が続いています。現役時代に、将来の退職金を今現在の給与に含めてもらいたいというニーズが増えてきており、企業もこのニーズに応える方向に進んでいます。したがって、この傾向がデータにも表れていま

図6-4　平均退職給付額（全規模）の推移

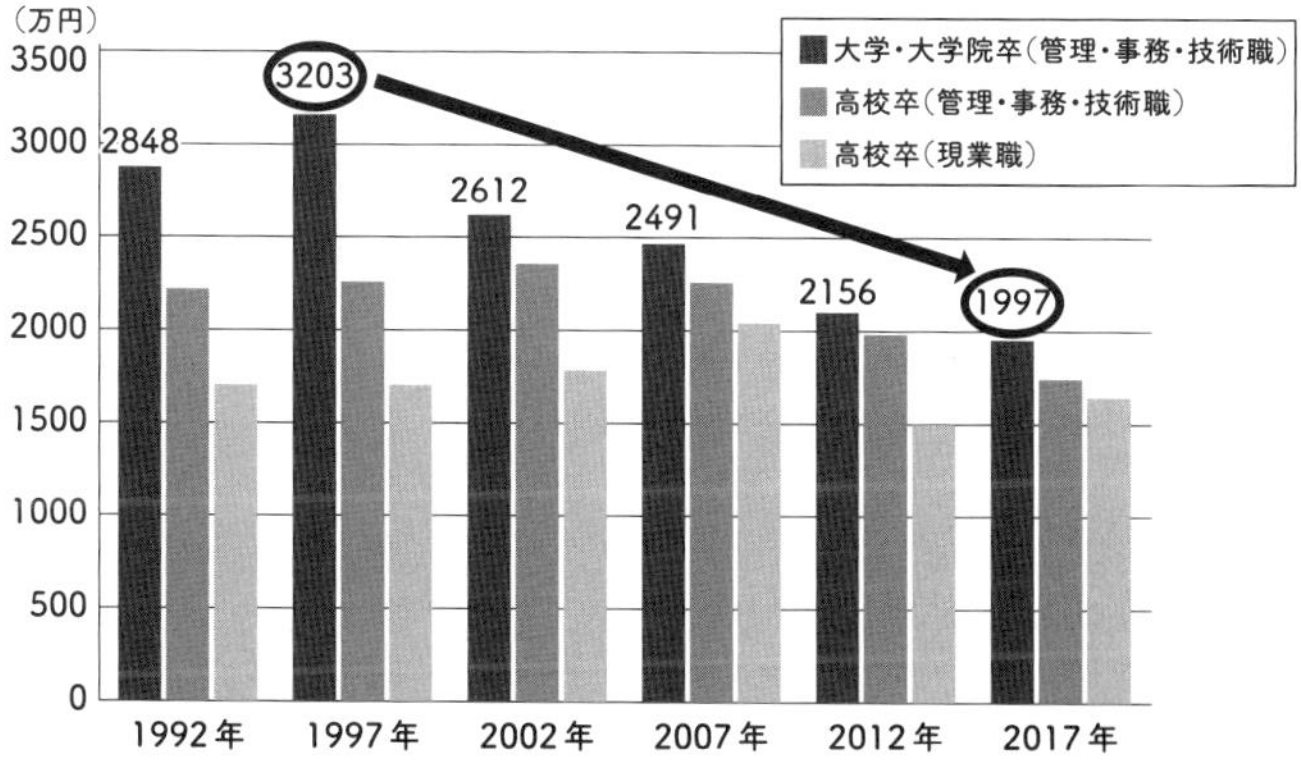

平均で1,700万円～2,000万円程度となっており、ピークから約3～4割減少

出典：厚生労働省「就業構造基本調査」

す。２０１７年度の調査では、平均退職給付額は、学歴・職歴に多少差はありますが、１７００万円～２０００万円程度となっており、１９９７年のピークから約３～４割目減りしていることが分かります。今後もこの傾向が続くことが予測され、退職金をあてにした老後資金の確保は見通せなくなってきました。

それでは、定年を迎えた夫婦の金融資産の実態はどうなっているのでしょうか？

図６－５に総務省が行った調査の世帯主が65歳から69歳までの結果を示します。２０１４年の平均のデータですが、２２５２万円となっています。「老後

図6-5　世帯主が65歳〜69歳の金融資産額

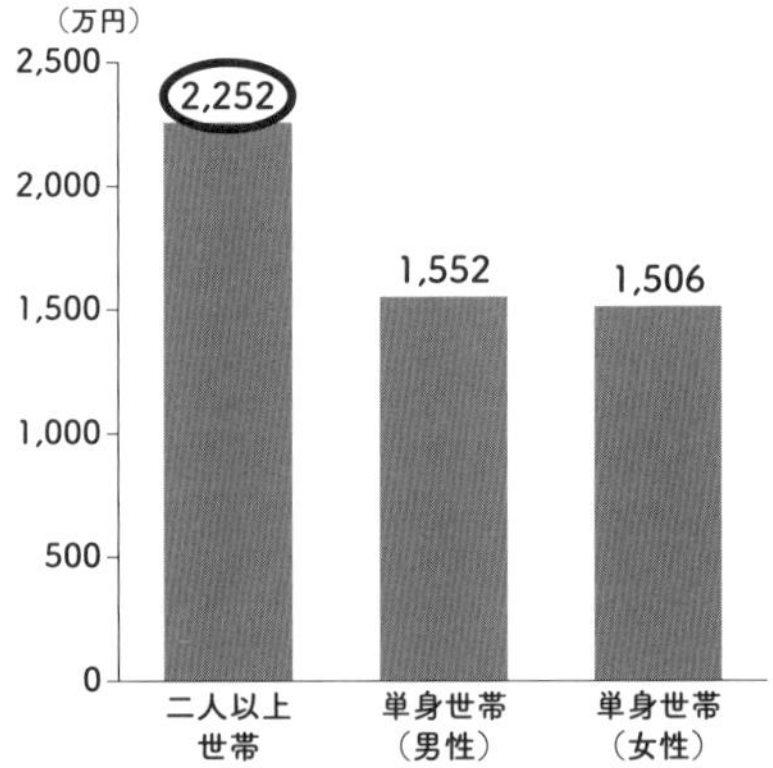

65歳時点における金融資産の平均保有状況は、夫婦世帯で2,252万円である

出典：総務省「平成26年度全国消費実態調査」

2000万円必要問題」の2000万円が一つの目安とすれば、一応、平均値としてクリアできていることになります。注意しなければならないのは、このデータが平均値であることから、すべての人がクリアしているというわけではありません。不足している世帯もあれば、十分足りている世帯もあるということです。また、本当に2000万円の資金があれば十分なのかという根本的な問題もあります。

そもそも不足金額の2000万円はどのような根拠に基づいて導き出されたのでしょうか。その金額の根拠となる考え方を図6－6に示します。代表的なモデルケースとして、夫65歳、妻60歳の夫婦無職世

図6-6　高齢化世帯収入と支出内訳

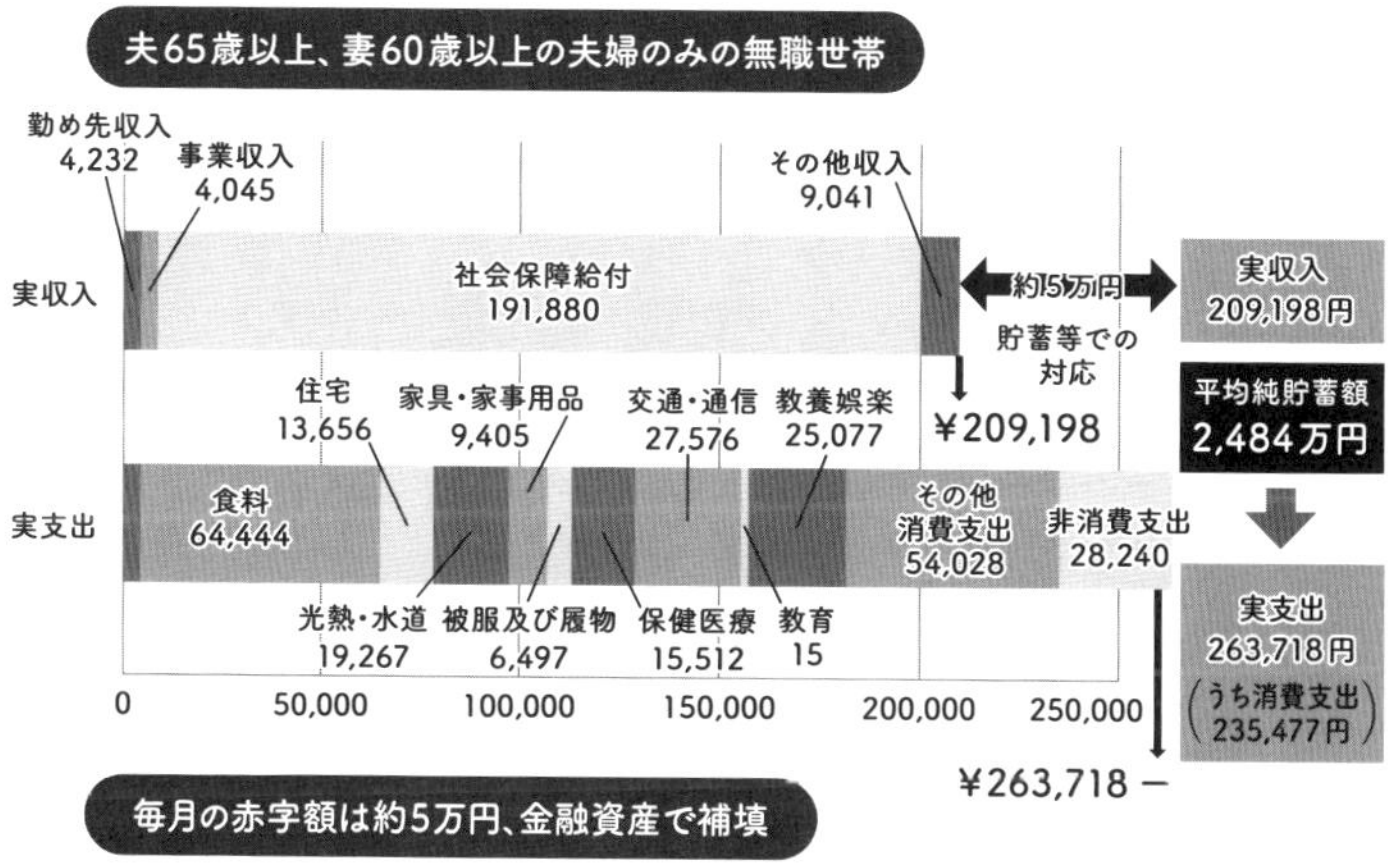

「第21回市場ワーキング・グループ」厚生労働省資料を基に作成

帯の月々の実収入と実支出を試算しています。このモデルケースによると、実収入総額は20万９１９８円で、内訳は社会保障給付が19万１８８０円で収入のほとんどを占めます。この収入に対して、実支出総額は、26万３７１８円です。内訳は、食費が６万４４４４円と約４分の１を占めます。その他、住宅費、光熱・水道費、教育費等の支出が伴います。それを合計すると支出が収入を上回ることになります。この実収入から実支出を差し引いた数字が５万４５２０円で毎月の不足額を意味します。年間に換算しますと65万４２４０円になり、定年退職後30年生きると仮定し、１９６２万７２００円、つ

図6-7　高齢化進行に伴う年金給付費と保険料収入の推移イメージ図

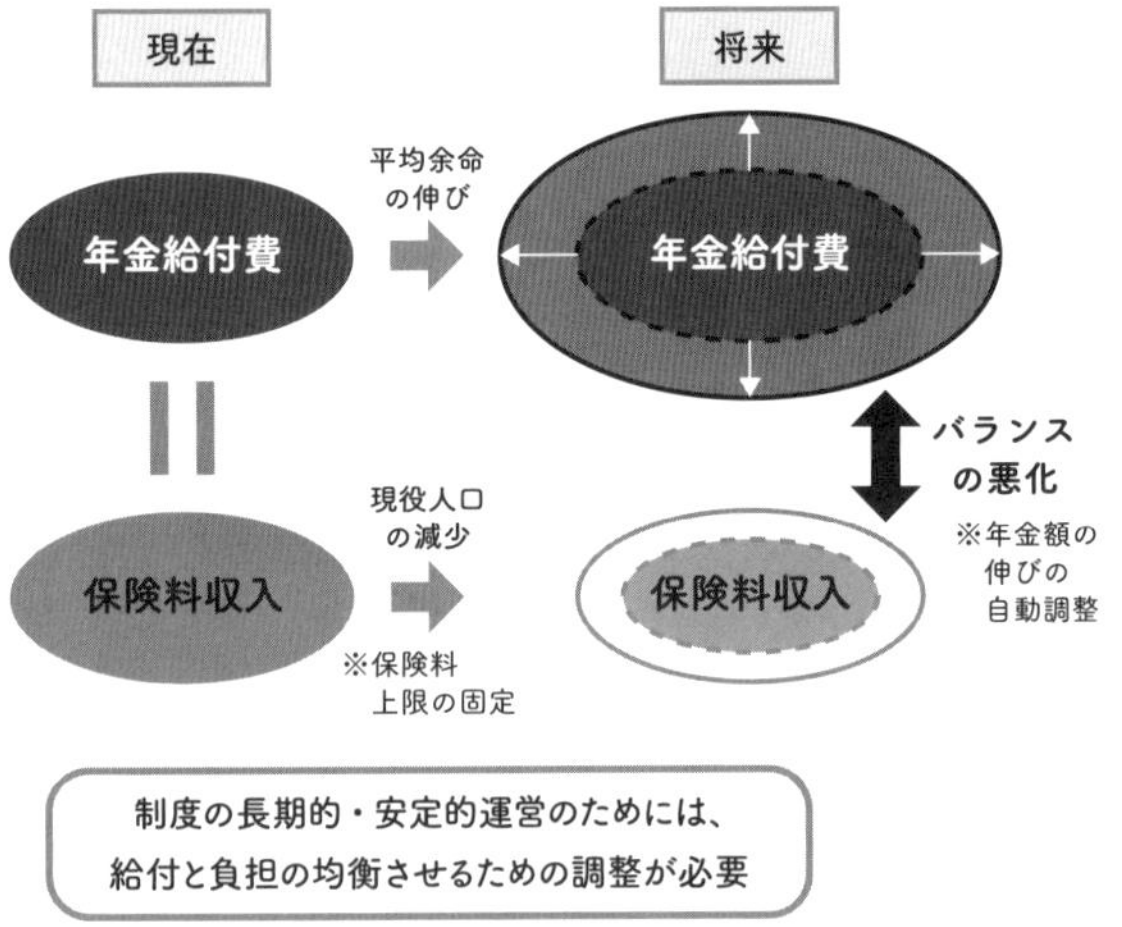

まり、約2000万円必要だという数字が計算から導き出されました。つまり、「老後2000万円不足問題」の2000万円という数字の根拠はここから出てきたのです。

次に、この社会保障給付金の額の今後の見通しについてです。政府は「社会保障制度は崩壊しない」という見解を一貫して主張しています。図6-7を見ると、年金給付費は高齢化の進行に伴い、どんどん増えていきます。それに対して、その支給の財源となる保険料収入はどのように推移していくのでしょうか。これまた、少子化の進行に伴い、当然に保険料収入は減収の一途

図6-8　マクロ経済スライドイメージ図

（2004年に導入）

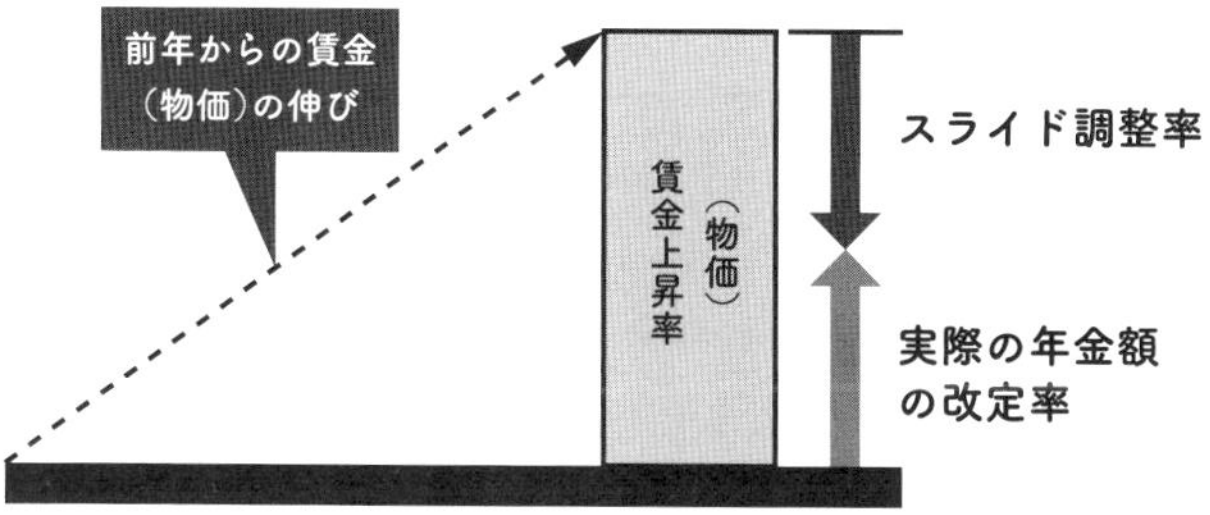

「スライド調整率」⇒「公的年金全体の被保険者の減少率＋平均余命の伸びを勘案した一定率（0.3%）」

をたどります。年金給付費は大きくなり、それを支える保険料収入は小さくなります。どう辻褄を合わせていけばいいのでしょうか。

ここで、登場するのが、「マクロ経済スライド」という概念です（図6－8）。賃金（物価）の上昇率に連動して、この比率で社会保障給付費を増額させるのではなく、保険金を支払う（負担する）被保険者の減少率を反映させ、増加率を下方調整するというものです。賃金（物価）上昇率に連動せず、下方する調整率、つまり、実質年金給付費を減少させることによって、全体の社会保障制度を維持しようという考え方です。国民が受け取る年金が実質的には目減

図6-9　高齢者の仕事に対しての意識調査

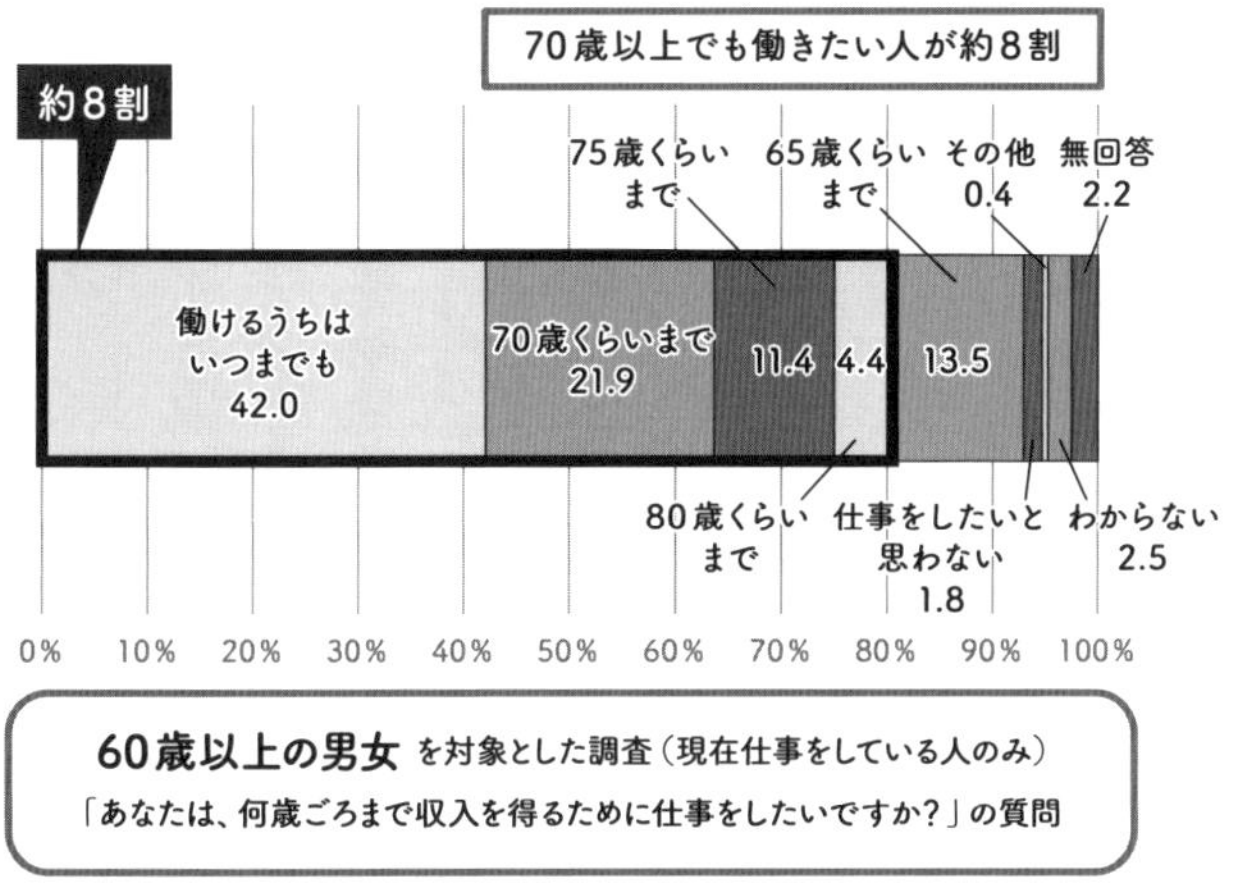

出典：2014年　内閣府「高齢者の日常生活に関する意識調査」を基に作成

りをするわけですから、生活費の不足額が増え、当然ながら、今問題になっている2000万円では、とうてい足りなくなっていくことが想定できます。

政府はこの問題を解決する策として、支給年齢の先延ばし、パート・アルバイト社員の厚生年金の加入、定年の延長など、多方面にわたり検討をしています。

ここで、図6－9は、高齢者の仕事に対しての意識調査の結果を示します。60歳で定年を迎えた日本人の約8割が、70歳まで働きたいと言っています。世界的にも、日本人の勤労意欲は群を抜いています。日本人の勤勉さには、舌を巻きますね。

以上のような背景をもとに、高齢化社会

の進行を受けて、老後安心生活を送っていくために、資産寿命を延ばす自助努力を国民一人ひとりが、一刻も早く、若い時から取り組んでいく必要があります。時間という資源を最大限活かすことで、資産を堅実に増やす手段として最適のものが不動産投資です。不動産の収益を安定的に上げ続けるとともに、就労による所得とのバランスを取りながら、計画的に実行することが、私ミッキーがお勧めするライフプラン（人生設計）なのです。

coffee break ⑥

資産寿命を延ばす、長期修繕計画

国土交通省住宅局は、２０１９（平成31）年３月に「賃貸住宅の計画的な維持管理及び性能向上の推進について」の報告書を出しました。この報告書では、社会経済状況の目まぐるしい変化のなかで賃貸住宅は陳腐化、空室の発生と収益ダウンの負のスパイラルに巻き込まれていくとしています。その対策として、適時適切な修繕の実施（長期修繕）の必要性を訴えています。そして、長期修繕計画に沿って、長期的に修繕計画の実施を行った場合のシミュレーションが、プラスの収益評価になると報告しています。長期修繕計画を実施し、賃貸住宅としての質や価値を長持ちさせることが、安定した賃貸住宅経営を維持するとしています。まさに、老後の安心生活に直結する重要かつ不可欠な取り組みといえます。

分譲マンションでは、企画開発段階において、長期修繕計画を立て、将来修繕に必要となる工事費を購入者である住民から定額で毎月修繕積立金として集金することが一般的です。この積立金は、管理組合で保管、管理組合の理事会決議によって、必要な時期に工事費として支出します。それに対して、賃貸住宅は、あきらかに後れを取っています。分譲マンションにおいて、この工事積立金支出は将来発生する工事費の引当金という意味をもちます。当然に、この引当金が経費として認められています。ところが、賃貸マンション、賃貸アパートにおいては、大規模修繕のための積立金支出、引当金が経費として認められていません。不公平ですよね。賃貸マンション、賃貸アパートの経営者は信用されていないというわけです。この税制上の不利益が、賃貸マンション、賃貸アパートにおける長期修繕計画の普及・発展を妨害してきたといっても過言ではないでしょう。

そこで、賃貸住宅管理業の団体「日本賃貸住宅管理業協会」は、「自民党賃貸住宅対策議員連盟」を通して、政府に「賃貸マンション・賃貸アパートの大規模修繕積立金を課税対象外とすること」、すなわち、税務上の大規模修繕のための修繕費の引当金を必要経費として認めることを要望しています。それを受け、国土交通省内部では検討委員会が設置され、経費算入問題に関して議論が進められています。あくまでもミッキーの私見ですが、積立金・引当金の保管に関する問題等が解決されれば、税制上の不公平が見直される日もそう遠くないでしょう。そうなれば、賃貸住宅経営者にとって、将来多額の出費を伴う大規模修繕費を毎年分割で引当金処理を行うことができ、年間収益が平準化します。安定経営へ、さらに一歩踏み出すためにも法整備が望まれます。

おわりに

内閣府の発表によりますと、2020年4月~7月期の実質GDP（国内総生産）は、年率換算で前期比28・1%減と、戦後最悪の落ち込み幅となりました。新型コロナウイルスの感染拡大が内需の柱である個人消費を失速させ、インバウンド期待の関連産業は壊滅状態、世界のサプライチェーンが寸断され、輸出入関連企業の活動が停滞、企業の設備投資は中止・先送り状態に陥っています。日本経済の立ち直りの見通しが立たない状況が続いており、国民の間の不安感は払拭されずにいます。

このような状況下においても、賃貸住宅経営を取り巻く経営市場は、比較的影響が少なく、安定した収益が確保されています。コロナ禍においても耐性があり、リスクに強いということが実証されました。入居者の収入減による家賃の支払い能力への懸念が一気に広がりましたが、政府の入居者への「住宅確保給付金制度」の内容は手厚く、家賃の減額、猶予の実例は限定的でした。企業による異動の取りやめ、先送りの動きはみられましたが、このことにより退去の数も減少、空室の増加に伴う収益ダウンには結びつきませんでした。

海外からの研修生、派遣労働者、外国人留学生の入国に関してはストップ。これらの外国人対象の賃貸住宅に関しては、大きな影響を受けました。しかし、全体の賃貸住宅のマーケットからすればこれも限定的でした。

このコロナ禍において、２０２０年4月から7月末までの期間に企業の資金繰り支援を名目に、コロナ対策緊急融資は、官民あわせて40兆円にものぼっています。（日本政策金融公庫、商工組合中央公庫、日本政策投資銀行の合計で13・４兆円、民間の銀行と信用金庫が約26兆円）。今後も、さらに、市場へ資金が投入され続けていくことが予想されます。市場に投入された資金が、株式や土地・建物などの不動産市場に流れ込んでおり、不動産価格の下落を側面から支えているともいわれています。

気になるデータとしては東京都心5区（千代田、中央、港、新宿、渋谷）のオフィスビルの8月の賃貸料が、２０１3年12月以来、80カ月ぶりに下落に転じました（仲介大手の三鬼商事調査）。

コロナ禍において在宅勤務、テレワークが定着し、テナントスペースの縮小の動きが顕著になってきています。不動産の価格をその不動産から生み出される収益で判断する「収益還元法」の考え方に則れば、賃貸料の下落によるテナントの収益の悪化はテナントビルの不動産価格の下落への一つの要素になります。世界の中心都市である東京都心の家賃の下落のニュースは、不動産業界にとっての大きな懸念材料であり、今後の賃貸料の動きに目が離せません。

また、既存賃貸住宅入居率が安定している理由の一つに、最大の競合となる新築賃貸住宅が建たないという現象が考えられます。コロナ禍においての先行きの不透明感もあいまって、引き続き金融機関の賃貸住宅新築への貸し出し姿勢は慎重です。脅威となります新築物件が供給されない環境は、既存の大家さんにとっては、とてもありがたいことであり、「コロナのお陰」といっても過言ではありません。

さらにメガ大家さんの銀行取引停止のニュースが飛び込んできました。このメガ大家さんは、全国の投資家の憧れであり、本の出版、テレビ出演など大活躍、大きな夢・ビジョンが、われわれの心を惹きつけました。「自分もこうなりたい」誰もがうらやむまさに、目標の存在でした。この報道に触れるにつけ、賃貸住宅経営においての長期戦略の大切さ、長期に勝ち続ける難しさを感じずにはいられません。帝国データバンクによる情報しか持ち合わせていないので、詳細は分からないなかではありますが、ミッキーの見解を申し上げます。

メガ大家さんへの道は、資産の拡大に連動して負債である借入金額も拡大していきます。このように、総資産が巨額に膨らんでいく状況下では当然、リスクも大きくなっていきます。コロナ禍において、金融機関は貸し出し姿勢を軟化へと転換させました。また、資産が大きくなっていくにしたがって、減価償却費の金額が減り続けることに伴い、デッドクロスが大きくなり、税引き前の利益が増加、納税金額が増えキャッシュフローが毎年悪化していきます。

節税をもくろんで、減価償却費を増やすためには、新たに賃貸住宅の建物を取得する必要があります。キャッシュフローを改善するための手段が、新規に借り入れをして、賃貸住宅を新規取得し償却資産を増やし続けるという、さらにリスクを大きくする魔の循環を引き起こすのです。むろん、金融機関の支援があり続け、将来にわたって、融資を受け続けることができるのであればなんの問題もありませんが、さすがに、個人の事業レベルでは不可能でしょう。

ミッキーの投資理論からいえば、この賃貸住宅経営のビジネスモデルがうまく機能する条件はあります。一つは、ポートフォリオとして投資エリアに東京都心の物件を組み込んでいる場合です。東京都心のマーケットは、長期的に不動産価格は上昇トレンドであり、長期に持ち続ける不動産の価値が上がり、所有不動産に含み益がたまり続けます。経営における税務の安定度、企業体力の指標である実質自己資本比率のアップにより、資金調達力が高まります。あるいは地方都市中心の投資エリアの場合には、短期的な不動産価格の上昇時に、一旦売却し、キャピタルゲイン（売却益）を確保、ほかの物件の融資の残債の返済に回し、借入比率を下げるというものです。

ただし、メガ大家さんを目指す投資家にとって、不動産の売却は、なかなか心理的に踏み切れません。地方都市における不動産価格のわずかな上昇局面の時期に、この意思決定をするというのは至難の業でしょう。

この考え方は、ミッキーが書いた1冊目の本『富山×東京　二刀流投資』を読んでみてください。

ミッキーが目指す投資の姿勢は、本書の冒頭に紹介しました、富山で人生を豊かに、幸せを満喫している「新世代大家さん」の面々の生き方です。今後、発生しうる想定外のリスクに耐えられるように、腹八分経営が基本です。返済比率を50～60％に抑え、自分のライフスタイルに合わせ、必要な資金＋αで十分という考え方です。あらためて、不動産投資というものについて考え直しました。

ＰＭ会社（管理会社）における真のリーシング力（客付け力）とは、空室を満室にするためのマーケティング思考に基づく、市場とお部屋探しのお客さまのニーズを反映したお部屋創りの提案力にほかなりません。個々のオーナーさんの賃貸住宅経営の目的に沿った、お部屋ごとにカスタマイズされた提案をしていきます。ミッキーは、今後も、マーケティング能力を磨き上げ、成功体験を積み上げていく所存です。

今回、幻冬舎メディアコンサルティングから背中を押され、2冊目の本の執筆をさせていただきました。執筆期間中に新型コロナ感染問題が勃発し、日本国内、世界が大混乱となりました。

このような状況下においても、この環境をチャンスに、プラスにしていくという決意と覚悟が必要です。この環境を乗り越えた暁には、今後、さらに訪れるいかなる困難も乗り越える力を身に付けるのです。体験に勝るものはありません。

そういう意味で、私ミッキーは、「お客さまは、必ずこのミッキーがお守りします」と宣言しています。私と、会社のスタッフが、新型コロナ感染の影響と、収益ダウンの二大不安を解決するべく、精進を続けてまいります。

この本が、皆さまに勇気と元気のもととなり、お役に立てれば幸いです。

２０２０年12月　富山の本社にて

ＣＰＭ　ミッキー

著者プロフィール

CPM　ミッキー

本名、石橋正好。朝日不動産株式会社代表取締役。宅地建物取引士、二級建築士、マンション管理士、CPM（米国認定不動産経営管理士）、AFP（二級ファイナンシャルプランナー）、上級相続支援コンサルタント。1961年富山県生まれ。金沢大学工学部精密工学科卒業後、1983年に大手不動産会社である信開産業株式会社（現、アパ株式会社）に入社。1985年に朝日不動産に入社し2004年より現職。「自分が源となり、自分の周りに幸せを創り出す」を座右の銘として、富山県内の不動産業界を牽引。不動産オーナー向けのセミナーを多数開催している。2020年12月現在、約680名以上のオーナーから9000室を超える賃貸住宅の管理、運用業務を請け負っている。

本書についての
ご意見・ご感想はコチラ

ミッキー流
満室！ 賃貸住宅経営

2021年1月25日　第1刷発行

著　者　　CPM　ミッキー
発行人　　久保田貴幸

発行元　　株式会社 幻冬舎メディアコンサルティング
〒151-0051　東京都渋谷区千駄ヶ谷4-9-7
電話　03-5411-6440（編集）

発売元　　株式会社 幻冬舎
〒151-0051　東京都渋谷区千駄ヶ谷4-9-7
電話　03-5411-6222（営業）

印刷・製本　瞬報社写真印刷株式会社
装　丁　　刀根晴香

検印廃止

ISBN 978-4-344-93096-4 C0034
幻冬舎メディアコンサルティングＨＰ
http://www.gentosha-mc.com/